直撃 本田圭佑

木崎伸也
Supported by
REALQ

文藝春秋

直撃　本田圭佑

目次

プロローグ　なぜ、本田圭佑を直撃するのか？　p10

1　p15
《W杯を語らない本当の理由》
カッコいい感じやなと思ったら、
オレはしゃべるし。
ダサいなと思うときには
しゃべらへんし。
シンプルですよ。
――2010年8月＠モスクワ

2　p31
《初めて明かしたW杯後の真実》
1年後の成功を想像すると、
日々の地味な作業に
取り組むことができる。
僕はその味をしめてしまったんですよ。
――2010年12月＠モスクワ⇒デュッセルドルフ

3　p43
《アジアカップ優勝＆MVP直後の本音》
自分の器用さが嫌なんですよ。
それだと成長スピードも、のびしろも、
日本人の枠に収まってしまう。
――2011年1月＠ドーハ

4　p57
《非エリートの思考法》
安定って言葉は、これまで生きてきて
あまり使ったことがないし、
聞いたこともないですね。
僕の辞書にない言葉です。
――2011年6月＠モスクワ

5 p75

《究極のサッカー問答》

いつも自分のビデオを見返して、どれだけ下手やねんと思う。

――2011年9月@モスクワ

6 p85

《追跡ルポ①》

Numberの名前を出せば、しゃべると思ったら大間違いだよ(笑)。

――2011年12月@バルセロナ

7 p93

《ガチンコ勝負のコミュニケーション論》

人間関係を大事にするなら、本音を言わないとあかん。むしろ本音を言わない人は、逆に人間関係を大事にしていないように思える。

――2011年12月@バルセロナ

8 p103

《まさかの取材拒否》

これでインタビューを取ろうなんて甘い。オレが納得する企画を持って来い。

――2012年3月@モスクワ

9 p113

《現代サッカーにおける創造性》

理想を求めずに合理性だけで、
勝つ確率だけを求めているんじゃや、
未来を感じない。
おもしろみがない。

――2012年5月@モスクワ

10 p125

《それでも世界一を目指す覚悟》

下馬評どおり、案の定ブラジルに負けて。
なんか嬉しくなる気持ち
わからへんかな？
簡単に勝てたら、この先
おもしろくなくなるやん、みたいな。

――2012年10月@ポーランド⇒モスクワ

11 p137

《マイナス6度のモスクワにて》

未来のことなんていうのは
誰にもわからない中で、
信念だけが支えになる。

――2012年11月@モスクワ

12 p151

《追跡ルポ②》

本田圭佑不在、
その真実を求めて。

――2013年3月@モスクワ

13

p163

《雄弁なる沈黙》

オレのコメントなしの記事、
楽しみにしてるよ。

——２０１３年５月＠モスクワ

14

p173

《ブラジルＷ杯出場決定》

人間って、気が緩んでいないと自分では
思っていても、
気が緩んでいるものだと思う。
どうやって引き締めるかといったら、
くどいほど自問自答するしかない。

——２０１３年６月＠埼玉

15

p179

《コンフェデ杯３戦全敗後の告白》

自信の差が
そのまんまイコール格になる。
負けられないというプライドが、
相手を打ち負かす力になる。

——２０１３年６月＠ブラジル

16

p187

《欧州遠征の手応えと課題》

人間にとって、
失敗って自慢できるもので。
何度も言うように、
失敗しているときがチャンスなんですよ。

——２０１３年11月＠ブリュッセル

17 — p197

《奇跡を起こす壮大なる計画》

波乱を巻き起こすには、勘違いを芽生えさせなければいけない。それができるという期待を、僕は自分自身にしているんです。

——２０１３年12月@モスクワ

18 — p209

《名門ＡＣミランへの挑戦》

移籍までに時間はかかりましたが、必然だった。２年前の僕では、重圧を乗り越えられたかわからない。

——２０１４年１月@ミラノ

19 — p219

《己の仕事とミラン再生計画》

自分は選手の立場にいても、監督としての仕事をできる。

——２０１４年２月@ミラノ

20 — p229

《ミラノでの葛藤》

今のチームは〝普通〟のタイプがいない。だからこそ普通でいること自体が差別化になるというかね。それが自分の付加価値になり得る。

——２０１４年５月@ミラノ

21

p235

《ブラジルW杯　存在証明①》

自分の中ではここを節目にするという
気持ちで挑んできた。
次はないくらいの気持ちで挑むべきだと
自分に言い聞かせています。

——2014年6月@アメリカ

22

p245

《ブラジルW杯　存在証明②》

負けたこと自体が
ショックなのではなくて、
「自分たちの良さを出し切れずに
敗れてしまった」ことのほうが
ショックだった。

——2014年6月@ブラジル

23

p253

《ブラジルW杯　存在証明③》

世界一のための作業が過去4年間、
間違っていたのであれば、
正解は何なのか。
それをもう一度、一から見つけたい。

——2014年6月@ブラジル

24

p261

《ブラジルW杯後の理想と現実》

今は自分で新たに作ったモノサシを
実践している最中。いろんな挑戦を
してきたけど、今回はどのチャレンジとも
違う試みになると思う。

——2014年9月@ミラノ

25 p271

《新境地の功罪》

僕が全部やれるわけではないんでね。
今は割り切って自分の能力を
高めていくことに集中したい。

——2014年10月@シンガポール

26 p279

《アジア杯2015　まさかの敗退》

勝った負けたという話で
終わらせてはいけない。
ここからは勝ち負けよりも、どこまで
突き詰めてやっていけるかやから。
それが自ずと結果になってついてくる。

——2015年1月@シドニー

27 p289

《開幕直前の生存競争》

もし自分のスタイルを貫くのであれば、
移籍を視野に入れた方がいい。

——2015年8月@ミラノ

28 p299

《逆境の胸中》

俺は多分、
何かを守ろうとしている人間と
根本的に思考が違う。
おもしろいか、おもしろくないか。
おもしろいやんとなったら、
評価がズタボロになってもやる。

——2016年1月@ミラノ

p308

エピローグ　本田圭佑との対話を通して。

直撃　本田圭佑

プロローグ
なぜ、本田圭佑を直撃するのか？

ミランの練習場「ミラネッロ」の広大なスペースには、大きく分けて2つの棟がある。まず入り口の門のすぐ前にあるのが、レストラン、カフェ、宿泊施設が備わった棟だ。ビリヤード台やテレビルームもあり、別荘のような佇まいである。

各選手に個室が割り当てられており、ここに住むことも可能だ。実際、本田圭佑は家族が日本に帰っているとき、ミラネッロで生活していたことがある。レストランには彩り豊かなサラダバーが常備され、いつでも上質なイタリア料理のフルコースを堪能できる。

今季（２０１６年）、監督に就任したモンテッラは、ビーガン食（植物性たんぱく質限定の食事）の推奨者だ。選手たちに対して、朝と昼は動物性たんぱく質を口にすることを禁止している。ミラネッロの朝食のビュッフェからハム、卵、乳製品が消え、代わりに用意されたのは豆乳ヨーグルト。ランチには大豆製品を肉に似せた料理が出される。食を愛するイタリア人選手からは大ブーイングが起こったが、ミステル（イタリア語で「監督」の意味）の決めたことは絶対だ。

もう1つの棟は、ピッチをはさんだ奥のスペースにある、トレーニングに特化した建物だ。「ミランラボ」と呼ばれるジムがあり、選手はここのロッカールームで私服からウェアに着替える。

筆者がミラネッロを訪れた日は、守備陣と攻撃陣の2つのグループに分かれ、ユニットごとに時間をずらして練習が組まれていた。戦術にこだわるイタリアらしいやり方だ。

まずはセンターバックを中心にした守備陣がピッチに出て、素早く中央を固める意識が徹底された。とにかく基礎の繰り返しである。

その真っ最中のことだ。攻撃陣の本田が、まだ自分の番ではないはずなのに、横にあるピッチに姿を現したのである。

本田は腕に巻いたストップウォッチを押すと、ゆっくりとジョギングを始めた。ピッチの外側を回りながら、10分間、スピードを上げることなく、落とすことなく、一定のペースで黙々と走り続けた。

「練習前に、必ずやっていることなんですよ」

汗をぬぐいながら、本田は〝習慣〟について説明した。

「何気ないジョギングですけど、10分が早く終わったなと思うこともあれば、まだ10分にならないの？　と思うこともある。つまり自分のコンディションを測るバロメーターにしているんですね。１から10まで段階をつけて。それに応じて練習時の追い込み方を調節するようにしている」

ミランで他にこんなことをしている選手はいない。「俺より努力しているやつを見たことがない」というのはハッタリではない。

攻撃陣の番が来ると、本田は右ＦＷの位置に入った。裏を狙う飛び出しが繰り返され、本田はイタリア語で質問しながら連携を頭に入れていった。

「さすがイタリア、細かいですよね。僕も知らないうちに影響を受けていて、たとえば日本代表に行くと、『あれ、相手の対策はこれくらいでいいのかな』と感じるときもある。いいか悪いかは別にして、自分のサッカー論の糧《かて》になっているのは確かです」

全体練習が終わっても、本田個人の練習は続く。体幹トレーニグや柔軟を行なうのだ。

「あまりにもジムに居座っているから、俺の専用部屋のようになっているよね」

本田はミランでも、日本代表でも、体脂肪の値が約６％と一番低い。

体を鍛えるうえで、最もこだわっているのは懸垂だ。腹筋といった鏡にうつる前側の筋肉を鍛えがちだが、サッカーにおいては背中側のパワーがものをいう。それを鍛えるのに懸垂はうってつけなのだ。

「どんな相手とぶつかっても、簡単には負ける気はしない」

わずか1時間の見学にすぎなかったが、ガンバ大阪ユースに上がれなかった非エリートが、ミランの10番にまで駆け上がった理由を垣間見た気がした。

本田がメディアにあまりしゃべらなくなったのは、2010年南アフリカW杯のことだ。もともとはミックスゾーンが独演会場になる選手だったのが、大会直前に急に口を閉ざしたのである。

その南アフリカW杯で、本田は爆発した。

初戦のカメルーン戦でクロスを押し込み、第3戦のデンマーク戦では無回転のFKをネットに沈めた。不調に陥っていた日本代表の救世主になり、日本サッカー界のシンボルになった。

メディアにとって想定外だったのは、注目度と反比例するかのように、本田がしゃべらなくなったことだ。

いったい何を考えているのか?

本田の思考は、日本サッカーメディアにとって最大の謎になった。

ここから筆者の挑戦が始まった。口を閉ざすエースから、真意を聞き出すというミッションである。

前所属クラブがあったモスクワ、現所属クラブがあるミラノはもちろん、2011年アジアカップのカタール、リハビリ先のバルセロナ、日本代表戦後のベルギーの空港、2014年W杯のブラジル、世界中を飛び回って追い続けた。

はっきりと取材を断られたこともあったし、3週間モスクワに滞在してわずか1コメントだけだったこともある。正直、うっとうしい存在だっただろう。

それが直撃取材の繰り返しによって、不思議な友情のような絆が生まれ、ミラネッロに招かれるようになるのだから、人生は何が起こるかわからない。

練習後、ランチを終えた本田とミラネッロのカフェで再び合流し、エスプレッソを注文した。

「やっぱ、これがないとね」

そういえば、ドーハの空港でも、モスクワのカフェでも、座って取材をしたときには常にエスプレッソがそばにあった。最も濃くて苦いはずの本場ミラノのエスプレッソが、なぜか一番甘美に感じた。

すべての始まりは2010年8月、白い煙につつまれた、うだるような暑さのモスクワの夏だった。

1

《W杯を語らない本当の理由》

カッコいい感じやなと思ったら、オレはしゃべるし。ダサいなと思うときにはしゃべらへんし。シンプルですよ。

――2010年8月@モスクワ

なぜ、本田圭佑は口を閉ざしたのか？

南アフリカW杯後、メディアから本田圭佑の「声」が消えた。

TVをつけても、新聞や雑誌をめくっても、本田がインタビューに答えている姿が一切見つけられないのだ。

W杯で活躍できず、戦犯扱いされていたのなら、メディアを避けても不思議ではない。だが、本田は日本のベスト16進出に貢献したエースなのだ。にもかかわらず、「声」を残さず、そのままロシアに旅立った。

なぜ、本田圭佑は口を閉ざしたのか？

2010年8月4日、モスクワ。街は巨大な煙に包まれていた。

連日、35度を超える異例の猛暑で、近郊の森林の泥炭《でいたん》層で火災が発生し、約13万ヘクタールもの土地が焼け野原と化したからだ。それでもCSKAの練習は行なわれ、うっすらと白く染まる空気の中に、本田の姿もあった。

CSKAはソ連陸軍のチームが前身となった名門で、クラブハウスなどの施設はモスクワ市内から車で1時間ほどの距離にある。

マシンガンを抱えた門番に守られたピッチで練習が終わり、汗だくになっている本田に声をかけ、いきなり本題をぶつけた。

「インタビューを受けないのは、ひょっとしたらW杯のことを話したくないから?」

本田は歩みを止めることなく、下を向きながら答えた。

「それはありますね」

本田はクラブハウスで着替えを済ませ、ブラックのJEEPに乗って敷地から出てきた。レコーダーを手に、車の横に立つ。

運転席のウィンドウが下がった。

――9月4日にパラグアイ戦が行なわれる。W杯の再戦になるが特別な思いは?

「W杯では結果的に負けているんでね。どう自分たちが仕掛けていけるかを示すなかで、勝ちにこだわりたい」

――W杯では、勝つことよりも、負けないやり方を取ったということ?

「W杯では結果のことしか考えていなかった。9割攻められようが、どれだけ格好悪い内容であろうが、あのときは勝ちたかったというのが、今終わって言えるあのときの正直な気持ちです。どんな形でも勝てれば良かった」

――もっと上を目指すには、あのやり方ではダメだと感じている?

「いやそうじゃなく、イタリアやドイツみたいな勝負強さを目指してもいい。彼らのメンタルの強さは、ブラジルやスペインとは違った意味で、オレにとっては興味深い。技術じゃない何か。人としてのすごさ。『なんで勝つんやろ』といつも感心させられますね、イタリアとジャーマニーには」

ある意味、それは「勝ち逃げ」だよ。

——本題に入りたい。本田くんがW杯について話したくないのは、サッカーのスタイルに不満があって、批判的な内容になるからだと想像していた。

「正直、何を話せばいいかわからないんですよ。ボクからしたら『もうW杯は終わりでしょ?』という感覚。別に振り返るのが絶対に嫌とかじゃなくて、ロシアリーグの再開が迫っているのに、あのときはこうだったとペラペラ言うのは嫌かなって」

——なるほど。ただ、ある意味、それは「勝ち逃げ」だよ。W杯で本田くんは日本で一番のサッカー選手になった。それでしゃべらないというのはどうかと。

「オレ的には、そんなに深い理由じゃないんですよ。ロシアに来たら、そんな評価は誰もしてないよという感覚なんでね。『ベスト16が何か?』というくらいの反応を結構もたれているから。それなのにオレが日本に向かって偉そうにW杯を語っても、男としてかっこよくないでしょ。オランダのメディアに出たら、格好いいことは言えない。なのに日本メディアで格好いいことを言うんですか? そういうのが嫌いなんですよ。どこの国のメディアに出ても、同じような目線でいたい」

――日本は盛り上がりすぎたかもしれない。

「空港に着いたときに、あんなに祝福の雰囲気を作ってくれたのがびっくりで。オレが優勝だの、岡田（武史）さんがベスト4だの言っていたから、『結局ダメだったやんけ』という反応があると思っていた。もしかしたら叩かれるかなと覚悟して、帰ったわけですよ。そういう意味で、ギャップがあった」

――お祝いムードに水を差したくなかったから、TVに出なかったのかな？

「みなさんがやたら出演のオファーをくれただけで、いつもこんなもんですよ。こうやって質問されれば、オレがどんなにビッグになろうとしゃべる。人としてこのままで行くというのが、オレのスタイルですから。ただ、やなものは嫌だよ、という感じでね」

――確かに今、質問に答えてくれている。

「口で発することって、自分に通じている部分がある。何を言うかって非常に重要。オレはメディアにしゃべっていることって、自分に話していることがほとんどやから。あとは公言する的なところがあって、『言っちゃったよ』みたいな。自分は弱いからさ。当たり前だけど、人間やから」

――ただし、しゃべらないということも、ある意味、自分に跳ね返ってくると思う。たとえば2006年W杯後、語らない選手が多かった。でも、そのときちゃんとメディアに出た遠藤保仁や中澤佑二は、4年後活躍した。自分の中に溜め込むのもよくないと思う。

「いや、ぜんぜん溜め込んでない。まったくしゃべらへんなんていうのは少しもなくて、オレから聞き出してくれということですよ。メディアもプロとして、オレが答えたくなるような質問をしてくれということです。常にフィフティー・フィフティーでいたいんですよね。オレがプレゼントするんじゃ、そっちは高まらない。お互いがストレスを抱えているなんていうことは当然あるわけで、オレと監督の問題も、オレとメディアの関係もいっしょ。そっちの主張を言ってかまわへんし、オレは常にそっちに主張する。その感覚ができれば、日本のサッカーはもっと素晴らしいものになると思う」

——メディアも取材申請してダメでしたであきらめていたら、日本サッカーも強くならないと。

「間違いない。要はオレは都合のいいのが嫌いで。W杯のあとは、はっきり言って、みんな都合よすぎたから。そういうところは人間性として大事にしている部分。カッコいい感じやなと思ったら、オレはしゃべるし。ダサいなと思うときにはしゃべらへんし。シンプルですよ。ヨメにも言われますもん。こんな扱いやすいやつはいないと」

約20分間の取材を終えた感想。

やはりこの男、ぶっ飛んでいる。

なにせ日本国中が祝福ムードに沸いていたときに、「自分はバッシングされると思っていた」というのだ。きっと水をかけられてもおかしくない、と覚悟していたのだろう。だが、降ってきたのは賞賛の嵐。なんだ、みんな優勝やベスト4は本気じゃなかったんだ、と失望したに違いない。

筆者はオランダのフェンロ時代に定期的に試合に足を運び、本田のサッカー哲学をわかっているつもりになっていた。だが、W杯を経た今、本田は次の領域に進もうとしていると感じた。もう一度、本田が目指す選手像を、基礎から訊き直す必要がありそうだ。

翌日、再び車が出てきたところを捕まえた。

我慢してやるというのは、自分の哲学に合わない。

——ＣＳＫＡで本田くんはトップ下でのプレーを希望しているが、スルツキ監督はボランチで起用しようとしている。ひょっとしたらトップ下でやるうえで何か足りないものがあるということでは？

「当然、足りない部分はあると思う。ただ、それができるようになるまでボクが我慢してやる、というのは、自分の哲学に合わない。他のところじゃやらねえよ、という感覚でいないと、いつまで経っても自分がイメージする『先に走る自分』に追いつけない」

——課題について、思い当たることがある。イニエスタの動きをW杯で見ていると、ボールをもらう動きが直線的ではない。そんなに走っているわけじゃないんだけども、頻繁に方向を変えている。

「イニエスタもシャビも、それがうまいね」

——そういう動きを、もっとすべきでは？

「すべての面でボクがイニエスタに劣っているのは間違いないと思う。ただね、どういうプレースタイルを自分が目指すのか。バルセロナなら、あの動きが効果的になるかもしれないけど、イニエスタがＣＳＫＡに来たら5回中4回は無駄になる可能性がある。結局、チームで自分を生かすということは何なのか。ＣＳＫＡでは余計なことをやると、完全に意味のない動きに変わると思っているから。基本的に誰かがボールを持ったら、追い越す動きをする。ただ、ビッグクラブに行ったら、確実に今とは違うことが求められるでしょうね」

——課題が見えてないわけじゃなくて、現状を踏まえてそうしているということ？

「あとオレは、自分で得点を取りたいからね。シャビやイニエスタのようにゲームを作って相手を完全に圧倒して、支配する時間を長くして、前線にパスを供給する。そういうスペシャリストになりたいと思ってないから」

——相手を翻弄して崩して、ハイとＦＷに渡す役じゃなくて、渡される方がいい？

「フフフ、そやね。最後はオレに出せみたいな。そういう意味で、自分に足りひんものがあるから、ＦＷみたいなポジションをやらされへんのだと思う。そこは自分でも理解しつつ、それでもやらせろという、矛盾した自分がいるのも事実。でも、それがないとやっていけない世界やと思っているんで」

——じゃあ、わかりやすくいえば、どんなタイプを目指している？

「うーん……強いて言ったら、目指しているわけじゃないけど、トッティとか。あとベルバトフ。2人ともタイミング、駆け引き、逆を突く動きが抜群にいい」

——わかりやすくいえば、「一番前にいる王様」ってことだね。

「そういう意味で、数字がすべて。点取った奴が一番偉くて、まわりが点取った奴のためにサポートするし、ディフェンスもする。悪い言い方をしたら、オレは今のサッカー界にあんまり求められていないような選手かもしれないね。でも、この現代サッカーというのを理解したうえで、そういう存在でありたいと思っているから。勝たないうちは認められないけど、勝ったときに正解と言えるようなものを、長い時間かけて築いていきたい」

——自分のサッカー哲学を作ろうという思いが、どっかにある？

「そう。だから、探している部分もあるよね。もっと追究していける、新しいものを作れるんじゃないかっていうふうに思っている。そもそもオレの特徴を考えれば、シャビやイニエスタを目指した方がいいタイプなの。それはわかっているけど、オレみたいなやつが、メッシやクリスチャーノ・ロナウドを目指してもいいんじゃない？　と思っている」

——同じことをしたら、いつまでもイニエスタの線上から抜け出せないってことだね。

「そう。もともとスピードのある選手が、クリスチャーノやメッシを目指すのは当然だと思うんです。一方、テクニックがある選手が、シャビやイニエスタを目指すのは、これも王道。じゃあ、逆の発想はないんかなと。めちゃめちゃ遅くて個人技であまりいかれへんみたいなタイプが、クリスチャーノやメッシを目指しても、それは自由ですよね。それを目指したときに、どういうものができあがるのかと思っているんですよ」

——なんなんだろうね、そのこだわりは。

「人のやらへんことを、やりたいからね。それやったら、誰もたどりつけへんやろって思っている」

本田がレバーをドライブに入れた。そろそろ取材を終わりにしようというサインだ。

「じゃあ、次は試合で」

そう言い残して、彼はモスクワの中心部に向かって車を走らせた。

しかし２０１０年８月６日、おそらく本田でさえも予想していなかったであろう事態が起こる。モスクワを包む煙がさらに濃くなり、週末に予定されていたディナモ対ＣＳＫＡのダービーが中止になってしまったのだ。

空気中の一酸化炭素の濃度は通常の6倍にも達し、もはや練習もできる状態ではない。ＣＳＫＡは急遽、約６００㎞北に位置するサンクトペテルブルクでミニ合宿を行なうことになった。その事実が一般に発表されたのは、出発当日の朝10時半のこと。チームが合宿に向かうフライトのわずか1時間前だった。

今回の取材の目的は、「本田が考えていること」をとことん聞き出すこと。空港まで車を飛ばせば間に合うかもしれない――。途中、左折禁止のところで曲がったがために警察に捕まってしまった。どうやら3カ月の免停処分になるらしい。だが、なぜか最後は賄賂の話になり、財布に入っていたありったけのルーブル札を出したら許してもらえた。やはりまだロシアは、ロシアだった。

空港に着き、真新しいターミナルを走り抜け、チェックインカウンターに行くと、CSKAのジャージを着た選手が数人立っていた。だが、本田の姿が見当たらない。間に合わなかったか……。そう思って、まわりを見渡していると、すぐ目の前の座席から「木崎さん」という声が上がった。

黒いTシャツに、ベージュの短パンという出で立ちの本田が座っていた。

――話を聞かせてもらっていい？

「いいですよ」

――今日はW杯の話を聞きたい。カメルーン戦の試合後、勝ったにもかかわらず、本田くんは怒ったような表情をしていて、ミックスゾーンで1分くらいしかメディア対応をしなかった。どんな気持ちだったのか？

「正直、一番プレッシャーがかかった試合だったので、ほっとした部分はありました。ただ、カメルーン戦後は、勝った瞬間にオランダ戦のことが思い浮かんでたんですよね。でも、みなさんはカメルーン戦のことを聞きたがるでしょうから、その時点でもうボクとイメージが違う。イメージが違う場合にしゃべるとよくないからね。オレの意図をしゃべっても、メディアが持っていきたい方向に強引に持っていくなら、やっぱりしゃべりたくないなと思いますね」

――なるほど。

「理想はね、この瞬間に記事になること。あと、興味を引くテーマを作ってくれれば、オレはいつでもしゃべりますよ。でも、現実はそうではない。記者が10人いたら、10人の思惑があるでしょ。オレが伝えたいことは1つなのに、全部違う解釈になる」

――カメルーン戦のあとは、オランダ戦のことを聞かれたかった？

「試合が終わった時点で、オランダ戦に向けての準備が始まっていたんでね。オランダ戦で負けたときも、悔しかったけれど、悔しがっている暇もないと思った。逆に『ハイ、切り替えて、デンマーク戦が大事』っていうような、あえてサバサバってした自分を創っていた」

――その精神的な準備というのは、頭の中でファンボメルがこう寄せてきたら、どう対処するか考えるということ？

「それもそうやね。そのイメージの仕方が多彩であればあるほどいい。具体的に考えたりもするし、あとは自分が何をするべきかというイメージを作る。自分がどういうふうに試合に挑んでいくのか。たとえば、今日は行けると思って挑んでいるのか。危機感でいっぱいなのか、負けられないという気持ちでいっぱいなのか。そのメンタリティを作る準備が一番難しい作業やね」

勝負の前に、だいたい勝負は決まっている。

――想像のなかで、映画のワンシーンみたいに自分がいるのか。

「このメンタルのことを話すと長くなるからねぇ。まあ、オレが引退するまでに、メンタルのことを聞き出してくださいよ」

――企業秘密的なところがある？

「そんなことはない。ただ、次の試合でファンボメルがこうプレッシャーにくると口で言うのは簡単やけど、意外にそれを頭に叩き込むのって簡単な作業じゃない。ぱっとイメージすることはできる。でもそれが頭に入ったのかが大事なわけで、だから繰り返しイメージしないと、洗脳されていかない。繰り返し、繰り返し、何回やれば洗脳できるのか。オレ自身もまだわかっていない」

――それが本田くんにとっての〝洗脳〟？

「オレが使っている言葉が正しいかどうかは別にして、洗脳って漢字で書いたら、洗う脳ってなる。あえて言うなら『自分宗教』みたいなもの。自分の哲学を繰り返しイメージすることで、頭の中に出てくるようにする」

――うまくいけば、それがスッと試合で出るということ？

「出ないこともあるからね。オランダ戦も失敗した。オレの中では準備がすべてやから。勝負の前に、だいたい勝負は決まっている。だから実際に勝てると思っているときは、ほとんど得点に絡めている。ロシアリーグの開幕戦もそう、CLのセビージャ戦の決勝ゴールもそう、カメルーン戦もそう、デンマーク戦もそう。岡崎のゴールもそう」

――あそこまでイメージしていたとは。

「イメージしていけると思うときに、高確率でいい結果が出ている。つまり、今オレが取り組んでいることが、形になりつつあるということ。このやり方が、正解に近づいているというのは事実」

――そういう思考の準備がカギを握っているというのが、本田くんの考え。

「まあ、オレはね。オレのやり方は普通、サッカーではありえへんと思う」

――よくサッカー選手は暇と言うけど、本田くんの場合違いそうだ。

「ぜんぜん暇じゃない。家にいるときが勝負。でも、何かをやっているときに、考えることはできないから。1時間でも、30分でも、そういうひとりの時間を作らないといけない」

――禅を組むじゃないけど、静かな雰囲気にしてやる？

「風呂に入っているときとか、寝る前とかだね。そういう時間を大切にしている。誰かといっしょにいるときというのは、なかなか簡単にイメージできない」

――ぐーっと入っていく感じ？

「目をつぶってね。まあ、まだまだ発展途上ですよ」

何だか、本田圭佑という人間の頭を覗いた気分になった。そう告げると、本田はフフフと不敵に笑った。

サンクトペテルブルクに到着すると、CSKAは郊外の施設で練習を行なった。空気がきれいなせいか、本田の動きもいいようだ。緯度的にも北欧に近いため気温も低く、夏のバカンスをすごすのには最高の街だろう。

だが、筆者のロシア滞在も終わりを迎えようとしている。最後に、本田にどうしても訊きたいことがあった。それは「日本サッカー」の未来についてだ。代表のエースになった今、本田は日本サッカーにどんな理想像を描いているのだろうか。

――日本にはパスサッカーとカウンターサッカー、どちらを突き詰めた方がいいかという議論がある。それについてはどう思う？

「オレは得点のことしか考えていなかったから。それぞれに選手の役割があると思うんですけど、オレは今回は得点を取ることが目的だったので、それ以外のことは考えてなかった」

――チームのスタイルは関係ないと？

「うん、最低限やらなきゃいけないことだけやって、あとは好き勝手、自分のやりたいほうだいにやっただけですけどね」

――このスタイルでいけば、優勝を狙える？

「いやまあ、一概には言えないですけど、どのスタイルでも優勝の可能性はあると思うし、その確率を上げていくには、すべての面で向上していかないといけない」

おそらく本田はこう言いたいのだろう。

まだ日本サッカーはスタイルうんぬんを語れる段階まで来ていない、と。

選手一人ひとりが厳しい場所に身を置き、「先に走る自分」に追いつこうともがきながら、暗闇を這うようにして前へ進み、そういう選手たちが11人集まって、やっとスタイルを語る資格ができる。

8月11日、ロシア対ブルガリアの親善試合の会場に、CSKAのチームメイトとともに本田の姿があった。ハーフタイムにずらっと人垣ができ、サインと記念撮影に応じていく。

日本に帰ることを告げると、本田は再びフフフと不敵に笑い、右手を差し伸べてきた。

「記事、読ませてもらいますよ」

本田の右手は、思ったよりも柔らかかった。

2
《初めて明かしたW杯後の真実》

1年後の成功を想像すると、日々の地味な作業に取り組むことができる。僕はその味をしめてしまったんですよ。

——2010年12月@モスクワ⇒デュッセルドルフ

やっぱりオレは持っているんですよ。

マイナス20度。

ここまで気温が下がると、目の中に入れたコンタクトが凍りつき、失明する恐れがあるそうだ。だが、それほどの極寒にもかかわらず、モスクワのヒムキ・スタジアムには約4000人の観客が駆けつけ、ゴール裏の一部のサポーターは上半身裸になって気焔をあげていた。

2010年12月2日、ヨーロッパリーグF組、CSKA対ローザンヌ——。白い息を吐きながら、ピッチの中央に本田圭佑が立っていた。

与えられたポジションはボランチで、希望するトップ下ではない。7月にはスルツキ監督と意見がぶつかり、試合の登録メンバーから外されたこともあった。だが、あれから4カ月が経ち、今ではボランチというポジションを自分なりに消化し、〝中央にいるMF〟として思い通りにプレーできるようになってきた。

本田は「まだまだですけどね」と前置きしたうえで、力強く語った。

「誰が前にいようが、誰が後ろにいようが、オレは前に行く。それを主張し続けたことで、まわりがそれに合わせて、システムを変化させるようになってきた。オレに対しての理解が深まったというかね。最近はどういうシステムだろうと、わりとストレスを溜めずに、やれるようになってきました」

後半16分、3—0とリードしている展開で本田が交代を告げられてピッチを去るとき、スタンドからはスタンディングオベーションが起こった。本田は両手を高く掲げて拍手し、その歓声に応えた。

日本サッカー界の救世主となった男の、今年最後の公式戦が幕を閉じた。

２０１０年。

この年は本田にとって大きなターニングポイントになった。1月にオランダのフェンロからロシアのCSKAに移籍すると、いきなりチャンピオンズリーグ（CL）のセビージャ戦でFKを叩き込んで欧州の舞台でブレイク。そして南アフリカW杯では初戦のカメルーン戦で決勝点を、第3戦のデンマーク戦では先制点となるFKを決めて、日本をベスト16に導いた。本田の奮闘がなければ、日本サッカーの歴史はまた別のものになっていたといっても過言ではないだろう。

ローザンヌ戦の翌日の早朝、本田はドイツのデュッセルドルフに向かうため、モスクワ空港に姿を現した。オフに入る前に、デュッセルドルフで小学生を対象にしたサッカー教室を行なうためだ。

朝8時。

本田が搭乗ゲートに向かうまでの間、モスクワ空港のロビーでW杯の話を聞いた。

——２０１０年の本田くんのプレーの中で、最も印象に残っているのはデンマーク戦のＦＫだと思う。あの大一番でＦＫを決められたのは、どこにポイントがあったと思う？

「いやあ、やっぱり、オレは持っているんですよ（笑）。試合前に脳の中でいいイメージを何度も繰り返すことによって、本番でＦＫを決めるイメージをつくることができていたということです」

——ただ、直前のスイス合宿でも、南アフリカに入ってからも、練習ではほとんどＦＫが入ってなかった。不安にならなかった？

「いや、練習でＦＫが決まってないことに関してはまったく問題ないですからね。むしろ練習では入らないいくらいの方が、オレの場合はいい。練習というのは、蹴った感触や、足に当たっている感覚さえ確かめられればいいんです。微妙な調整は、本番の集中力でどうにでも変わるものだから。土と芝生の兼ね合いさえ確認できれば、別に試合前日に１００本練習する必要はない。今までにずっと練習してきているし、その積み重ねを考えたら、直前の練習は重要じゃない」

——じゃあ、デンマーク戦でＦＫを得て、ボールをセットして立ったとき、何か予感めいたものはあった？

「大会直前の親善試合でも、カメルーン戦でも、オランダ戦でも、確かにオレはＦＫを決められていなかった。だから、逆にチャンスだと思っていましたね」

——どういうこと？

「それまで決まってないんだから、逆に気持ち的に楽でしょ。親善試合でガンガン決めている方が、（まわりからの期待が大きくなって）気持ち的に難しくなる」

——すごいメンタルの強さだ。

「まあ、予想していたよりも好条件が重なった部分もありました。ボールをセットして立ったとき、これはすごくいい場所だぞ、と思った。相手の壁の位置が微妙にキーパーの死角を作り出していて、こっちにとって絶好だった。さらにキーパーが一瞬逆に動いてくれたことで、反応が遅れた。すべての条件が満たされてゴールが決まった。だから、そういう条件も含めて、オレは持っているんですよ（笑）」

——気持ちの高め方を含めて、自分の中でW杯前に確立されていたものが、結果として出たということだね。

「うん、まあね。実際に出た試合の方が少ないんですけどね。ただ、大事な試合では、必ずそれを出す自信がありますす」

まだ朝8時だというのに、眠たそうな様子は一切見せず、マシンガンのように自信に満ちた言葉が出てきた。

どうやら本田は「朝型人間」らしい。

「僕は早寝早起きですから。朝は常に早いですし、夜はベッドにつくのも早い。難しい歴史の本なんかにあらためて挑戦したりすると、すぐ寝ちゃいますね」

だから、W杯期間中も、ぐっすり寝られたという。

「僕の場合、ワクワクしているときは、寝られないというよりは、朝早く起きてしまいますね。小学生が、運動会の当日に朝早く起きてしまうような感覚。そういうワクワク感が、W杯ではありました」

とはいえ、当時の日本代表は崖っぷちに追い詰められていた。とても〝ワクワク感〟などという言葉を口にできるような状況ではなかったことは、本田自身もよくわかっているだろう。壮行試合となった韓国戦では0対2の惨敗。本番前のテストマッチとして行なわれたイングランド戦とコートジボワール戦でも連敗し、急遽〝リハビリ〟のために組まれたジンバブエとの練習試合も、いいところなく0対0の引き分け。ポジティブな要素を見つける方が難しかった。

自分の中では、あのゴールは想定内でしたね。

しかし、だからこそ本田は、カメルーン戦で開き直れたと振り返る。

「チームの雰囲気がこれならいけるとなっていた方が、カメルーン戦に向けては危なかったと思う。このままじゃヤバイという危機感があったからこそ、いい守備の入り方から先制点につながるチャンスを作ることができた。まあ、実際に自分のところにボールが来て、決められたというのはラッキーな部分があったかもしれない。だけど、オレからすれば、それもひっくるめて、予測できたことをそのままやっただけやからね」

――カメルーン戦の先制点は、右サイドから松井大輔がクロスをあげて、本田くんが決めた。あの場面は予測できていたということ？

「自分の中では、あれは想定内でしたね」

――もっと詳しく教えてほしい。

「動き出しを繰り返せば、必ずボールが来ると予測していた。大ちゃん（松井大輔）からのパスがああいう形で来ると予測していたわけではないけれど、カメルーンのマークがセンタリングに対していい加減なのはわかっていたこと。だから、あのゴールについては『してやったり』という部分がある」

――あの状況をイメージできていて、どう反応するかシミュレーションができていた、と。

「そうです。あのプレーは、完全に想定の範囲内でしょ」

――カメルーン戦前に、不安になることはなかったのか？

「試合直前には、どうにでもなれという気持ちが生まれていて、もうあとはやるしかないと思っていた。ただ、準備の段階ではいろんな不安があったり、ナーバスになる期間というのはあった」

――どんなことで不安になる？

「試合へのイメージを作っていくうえで、いろんなネガティブな要素を考えてしまうことがあった」

――試合で自分のプレーがうまくいかないイメージをしてしまうということ？

「いや、そういうことじゃなくて、試合に負けたらどうなるとかね。負けられないと思えば思うほど、不安要素が入ってくる。ただ試合前には、そういう感情がすべて消化されて、非常にすっきりした状況になっていた」

――カメルーン戦で入場するとき、エトーが通路にいても、まったく気にならなかった?

「もちろん。そもそもエトーとやるのは初めてじゃなかったですしね。CLのインテル戦ですでに対戦している。だから、余計に何てことなかった」

無限ですよ、脳は。

今でこそロシアリーグの情報が日本にも入ってくるようになったが、2010年1月の段階では完全に未知の世界だった。CSKAに移籍するのは、大きな不安がともなっただろう。しかし、より高いレベルでのプレーを希望して、本田はロシアに移籍した。その博打ともいえる決断が見事に当たり、CL決勝トーナメント1回戦でセビージャを破って、準々決勝ではインテルと対戦する機会を得たのだ。

「インテル戦では何もできなかった」と本田は振り返るが、あの失敗があったからこそ、W杯で再度エトーと顔を合わせても動じなかったのだろう。

事実、W杯では「緊張しなかった」と、本田は言う。

「どちらかというと(北京)五輪予選の方が緊張したかな。W杯で緊張しなかったのは、普段から脳のトレーニングをするようになったからだと思う」

本田はCSKAに移籍してから特に、イメージトレーニングの重要性を強調するようになった。

「試合前は、いいときのプレーを思い浮かべる。そして、自分がこうしたいというイメージを作る。まあ、誰しも普通にやっていることだと思います。ただ、それを偶然やっている選手と、意図してやっている選手とでは、のちに大きな開きになってくるぞ、ということなんです。メンタルのトレーニングをすれば、いくらでも課題を克服できると思う。無限ですよ、脳は」

本田は南アフリカW杯の2ゴールにより、完全に日本代表の顔になると同時に、欧州でも複数のクラブが興味を持つ選手となった。

ただし、その存在を世界中に知られたことで、本田は次なる壁に直面することになる。プレーを読まれるようになったのだ。

「たとえばFKだったら、オレがどういう球種を蹴るかというのは、対戦相手のキーパーがある程度わかるようになってきている。実際、今年はW杯のデンマーク戦以降、一度も公式戦でFKを決められなかった。やっぱり警戒されてからが、何事も勝負。だから、オレはここからですよ」

12月4日、本田のサッカー教室がデュッセルドルフで開催された。参加費は無料。ドイツだけでなく、オランダやベルギーからも日本人の子供たちが集まり、約60人を本田が直接指導した。

「ドリブルでフェイントをかけるとき、相手に近すぎたら足に当たる。もっと早目に仕掛けてみよう」

そう言うと、本田はまず、わざと相手の近くでフェイントをかけて、ボールを取られた。失敗例を示したのだ。次に、相手から離れた位置でフェイントをかけて、一気にスピードアップし、左足を豪快に振り抜いてボールをネットに突き刺した。憧れと驚きが入り混じり、子供たちから大きなどよめきが沸き起こった。

サッカー教室終了後には、約900人の観衆を前にトークセッションが行なわれた。

「物事がうまくいかないときこそ、明るく愉しむのが僕のモットー。負けているときこそ、強気に前に行くようにする。逆にうまくいっているときは、気を引き締める。見落としていることはないかと入念に考えて準備するんです」

子供たちから「憧れのクラブは?」と訊かれると、迷わず本田は「レアル・マドリー」と答えた。

「1年後の成功を想像すると、日々の地味な作業に取り組むことができる。僕はその味をしめてしまったんですよ」

2010年の本田を振り返るうえで、忘れてはならないシーンがある。

デンマーク戦で本田はFKを決めた後、ライン際に走って行くと、両手の拳をぐっと握り、頬が千切れんばかりに口を大きく開けて、雄たけびをあげた。

あれだけ感情を爆発させることは、サッカー人生でもなかなかないのでは？　そう問うと、本田は子供のように目を輝かせた。

「うん、それがなかなかないのが問題ですよね。あれくらい感情を爆発させられる試合を、毎回したい。サッカー選手として点を取るたびにあれだけ喜べれば、幸せでしょ」

南アフリカW杯後、ＣＳＫＡでの本田は、監督とポジションを巡る意見の食い違いもあり、先発から外されることもあった。結局、今季はロシアリーグで28試合出場4得点。満足できる結果ではない。

だが、オランダの2部に落ちても這い上がってきたように、本田は苦境に陥ったときこそ新たな進化を見せる選手のはずだ。日本サッカーを救ったレフティは、失敗を恐れることなく、信じる道を歩み続けるだろう。

adidas
18
JFA
JAPAN

3

《アジアカップ優勝＆MVP直後の本音》

自分の器用さが嫌なんですよ。
それだと成長スピードも、のびしろも、
日本人の枠に収まってしまう。

——2011年1月@ドーハ

どこにもいない「オリジナル」になりたいんです。

２０１１年１月、中東・カタールで開催されたアジアカップで、ザッケローニ監督率いる日本は、決勝で延長戦の末にオーストラリアを破り、劇的な優勝を飾った。

その決勝から、約27時間後の深夜。ドーハ国際空港のラウンジに、本田圭佑の姿があった。ラウンジに入り、壁際の席に近づくと、本田はすぐにこちらの存在に気がついた。

「そこ、いいですよ」

テーブルをはさんだ正面のソファーに腰を下ろすと、ルイ・ヴィトンのサングラス越しに、一瞬、本田の眼がちらりと見えた。

「何か飲みますよね」

彼と同じく、エスプレッソをテーブルに運んだ。本田はぐいっと一口でエスプレッソを飲み干すと、軽くミネラルウォーターを口にふくんだ。

こちらもカップをあおり、話を切り出した。

「こうやってひとりでいるのを見ると、サッカー選手というのは孤独な職業だとあらためて思う」

本田はフフフと笑った。

「シーズンの最初はひとりのことが多いですね。去年（２０１０年）、ＣＳＫＡに移籍したばかりのときは、ずっとホテルで生活していた。チャンピオンズリーグ（ＣＬ）のセビージャ戦でＦＫを決めたあとに、まわりの態度が一変してね。あの変わり方には驚いた。おかげで随分、ホテル暮らしが快適になりましたよ。そのまま住もうかなと思うくらいに」

すでに時計は午前0時をまわり、日付は２０１１年1月31日になっていた。移籍市場が閉まるまでにあと1日あったが、ＣＳＫＡモスクワに残留することはほぼ決定しており、これからチームのトルコ合宿に向かうところだった。

本田はアジアカップ中の生活を振り返った。

「カタールのホテルって、サッカーのチャンネルがめちゃくちゃ多かった。あらゆるリーグの試合をやっていた。オレは基本的に試合がつまらなかったら5分でチャンネルを変えるんですけど、これならたくさんあるから飽きない。バルサやレアルの試合をたくさん見ました。（ドイツ代表の）エジル、レアルでは死んでるね。全然、特長を出せてない。あれじゃあ、かわいそう」

本田はエジルと同じレフティで、ポジションもトップ下だ。さらにレアル・マドリーは目標にしているクラブでもある。それだけに感情移入する部分が多いのだろう。

「今回はパソコンを持ってきてないんですよ。以前はインターネットで自分の記事をチェックしていたんですが、２００９年のオランダ遠征の頃から、意識的に見ないようになった。自分がイメージトレーニングをするのに、いい記事も、悪い記事も、邪魔なんですよ。『勝ち切る』ことを、何度も何度もイメージする過程でね」

雑談が一段落すると、本田はサングラスを外してテーブルに置いた。ラウンジの照明が、彫りの深い顔立ちを浮かび上がらせる。

カバンからレコーダーを取り出して訊いた。

「録音していい？」

アジアカップの大会ＭＶＰはイエスともノーとも言わず、こちらの眼をただじっと見つめた。

――決勝翌日の囲み取材で、本田くんは「今大会はパッサーみたいなプレーが多くて、それが不本意だった」と言っていた。なぜ？

「簡単に言えば、自分を貫けなかったということです。今大会はぎりぎりの戦いばかりで、とにかく優勝したかったから、チームのためにも、自分のためにも、エゴを捨ててプレーした。ただ、オレは誰かのマネをするのではなく、どこにもいない『オリジナル』になりたいんです。そうじゃなきゃ、歴史に名が残らへんでしょ。そのためには常に自分の信念にこだわって、目指すべき姿に近づくトライを試合でしたかった」

――たとえば、どんなトライをイメージしていた？

「今大会の自分のテーマは、強引に行く場面をどこで増やすか、というところに置いていた。取られるリスクがあるけれど、ファーストタッチで一気にスピードを上げるとか、ちょっとしたフェイントでシュートまで行くとか。もしくはワンツーで自分が抜け出すとか。そういうリスクを負ったプレーが、すごく少なかった」

——世界で一人だけの「オリジナル」になるには、それではダメだと。

「正直、自分の中でスイッチを切り替えたらパッサーになれるのは、自分でわかっている。そんなのはいつでもできる。でも、その自分の器用さが嫌なんですよ。それだと成長するスピードにしても、のびしろにしても、日本人の枠に収まってしまう」

——南アフリカW杯後には、FWも楽しいかもしれないと言っていたが、やはりトップ下で勝負したい？

「やっぱりトップ下で、もっともっと自分を磨きたいと思った。ボランチが2人いるという居心地の良さは、全然違う。トップ（FW）だとスピードが足りないし、ボランチだとゴールから遠ざかってしまう。そこのバランス。オレがもっと足が速かったらトップを目指していたかもしれないけど」

——トップ下に専念したとしても、どんなポジションだろうが「オリジナル」になるのは相当大変なことだと思う。ある意味、プレースタイルを〝発明〟するようなものだから。

「生半可なことじゃ、できないでしょうね」

——クライフが「トータルフットボール」を生み出した。その領域の話だよね。

「結果的にその領域に到達できるかは別にして、とにかく『オリジナル』になりたいという自分の信念は、正しい方向に向かっていると感じている。『オリジナル』のスケールをでっかくするか、小さくするかは、すべて自分次第。小さかったら、みんなの記憶に残らへんだけでね」

――そのためにもポジションにはこだわる？

「うん。前のポジションでやりたいと思わないと、自分が自分じゃなくなる。そこはこだわらないと、信念から逃げることになる。たとえば、ＣＳＫＡでボランチで使われたときに、ボランチを極めようという考え方になるのは簡単やから」

――器用というとネガティブに聞こえるけど、ボランチを突き詰めても世界のトップクラスになる力があるのでは？

「だって、そこを突き詰めている選手は多いでしょ。シャビとか、イニエスタとか。逆にハンター（点取り屋）タイプで突き詰めている選手もいる。クリスチャーノ・ロナウドとか、ルーニーとか、イブラヒモビッチもそう。ただ、やっぱりオレは彼らを追ったらアカンと思っているから。もし追いかけたら、いつまで経っても彼らを超えることができない。自分のサッカーを作らなアカンと思っている。さっき言ったように、それはもちろん難しいし、どうすればいいかまったく自分でもわからへんし、チンプンカンプンなところがある。でも、理想とするイメージが形成されていれば、本田圭佑という新しいスタイルで、日本のサッカーを作り変えられると思っている」

――今回のアジアカップのプレーでは、「オリジナル」にはなれない？

「ボールをもらって、まわりに出すっていう感じのプレーが多かった。ある意味、これを突き詰めているのがインテルのスナイデルですよね。どんどんボールを要求して、受けたらターンして前を向いて、パスを出す。チームメイトもそれをわかっているから、スナイデルがボールを持つといっせいに動き出す。でも、それをやっても、スナイデルを超えられないでしょ」

1割のためにどんなつらいことも頑張れる。

——研究者の世界では、「365日のうち、楽しいのは1日しかない」という言葉があるそうだ。新しい発見をするのはそれだけ難しいから。本田くんは365日のうち、幸せを感じる日は何日ある？

「オレの場合は、途切れ途切れですけど、幸せを感じる日は多いし、楽しい感覚というのは日々ある。ただ、ネガティブな要素とポジティブな要素は常に隣り合わせ。結局、自分が物事をどう見るかで、ネガティブにもポジティブにもなる。今やっていることがおもしろい、おもしろくない、ということも同じ。それが個人の価値観なわけですよ。要は自分の信念から逃げるか、逃げないか。その差だけ。逃げれば楽やし、その瞬間は楽しいですけど。逃げへんかったら、その瞬間は辛いし厳しいけど、その分未来に楽しいときが来るかもしれない。研究者というのはその狭間で常に厳しい方を選び続けている、究極のパーソナリティだと思う」

——まあ、研究者は白黒がはっきりしている。発見するか、しないかの世界。

「でも、それって人生と一緒でしょ？　人生も白黒はっきりしている」

——白黒はっきりしている？

「してるでしょ。グレーにするかどうかっていうのは、それぞれの身勝手な個人的な考え方であって」

——ごまかしだったり、言い訳だったり。

「そう。その方が楽やから。でも、白黒つけようと思ったら、いくらでもつけられる話で。つけたがらないのが日本人なんですよ。グレーを好むから。グレーが愛されてるから。それはそれで日本の文化やからいいと思う。けれど、それは楽をしていることでもある。やっぱり、楽な方を選ぶのが人間」

——グレーの領域を縮めているのが、今の本田くんなのかな。

「オレの中では、グレーゾーンはあんまりない。あかんときは、あかん。いいときはいいで、境界ははっきりしている。あかんときが9割で、いいときは1割あるかないか。だけど、1割のためにどんなつらいことも頑張れる。その喜びのためにサッカーをやっているし、これからもやり続ける」

——それが、2010年W杯デンマーク戦のゴールだったのかもしれない。

「ね、そういうことじゃないかな」

化学反応の話をするのがサッカーの醍醐味だからね。

ラウンジは間接照明で薄暗いとはいえ、さすがに決勝が前夜に終わったばかりだ。まわりが大会MVPに気がつかないわけがない。本田のところには、ひっきりなしに記念撮影を求める空港職員や乗客がやってきて、そのたびに撮影に応じた。

約1カ月にわたったカタール滞在の最後の夜は、延長にもつれ込んだ韓国戦やオーストラリア戦の熱狂が嘘のように、ゆったりと時が流れていた。

だが、アジアカップを終える前に、本人に訊いておきたいことがひとつあった。それは日本代表における、香川真司との共存問題についてだ。

南アフリカW杯後の日本サッカー界の最大のサプライズといえば、香川のブレイクだろう。2010年7月にドイツのドルトムントに移籍すると、隠れていた才能が覚醒し、トップ下として8得点をあげてリーグ公式HPの前期MVPに選ばれた。

メディア的な見方をすれば、本田にトップ下のライバルが出現したということだ。

今大会中、ザッケローニ監督は基本的に、本田をトップ下、香川を左MFで起用した。ただ、初戦のヨルダン戦の後半13分以降のみ、本田が右MF、香川がトップ下の布陣が採用され、翌日本田は「(日本のパスまわしが)良くなったのは、自分が右でやったときだった」とコメントして、記者を驚かせた。

いったい本田は、香川とのプレーをどう感じていたのだろう。

――今回の日本代表のポジションについて訊かせてほしい。ヨルダン戦の翌日、本田くんは「良くなったのは、自分が右でやったとき」と言った。攻撃のポジションなら、トップ下でも、右MFでも構わない?

「いや、やっぱりね、自分の右に人がいる、自分の左に人がいる、という状況が一番やりやすい。選択肢が一番多い。もちろん、右でボールを持ったときには、縦にドリブルするとか、中に切れ込むとか、中にいる選手とワンツーしたりとか、右なりの選択肢がある。左だったら、センタリングとか。でも、真ん中の選択肢が一番好き。一番自分らしさを出せる場所やなと感じる」

——個人的には、今大会の一番のテーマは、本田くんと香川くんの融合だと思っていた。香川くんはドルトムントでプレースタイルが変わり、密集地帯に飛び込んでボールを受ける、あまり日本にいなかったタイプになったような気がする。何かしら価値観の対決があったのでは?

「オレが? 全然ないよ。そこについては、まったく深く考えてなくて。シンジ(香川真司)のプレースタイルが変わったと思ったこともないし、シンジが左に出ることによって、チームにアドバンテージが生まれると思う。あいつだったらどうプレーするかなと想像して、どうしたら試合に勝てて、自分が点を取れるかを考える。オレにとっては、自分が生きる、自分を生かしてくれる、自分が生かす、そのギブ&テイクのパートナーだけ。でも、それはシンジに限ったことではなくて、オカ(岡崎慎司)がボールを持ったときも、(前田)遼一が持ったときもそう。シンジとレギュラー争いしているという感覚がないから」

——もちろんレギュラー争いをするレベルではないと思う。ただ、香川くんが入ることによって、本田くんのパッサー的な能力が引き出される面があるのかなと。ドルトムントではサヒンという選手が、レフティで、ちょっと一歩下がったところから、香川選手に速いグラウンダーのパスを配給している。

「そもそもオレとシンジが組み合わさっても、そんなにすごいことじゃないから。メッシとクリスチャーノ・ロナウドが組み合わさったら、おもしろいことになって、融合とかの問題になると思う。けど、オレとシンジという小物と小物が重なり合っても、正直おもしろくない。2人だけでサッカーできひんから。やっぱり遼一や、オカも必要やし、あくまでその中のひとりでしかない」

——確かにメッシとクリスチャーノならそういう話が出る。

「実際、オレとシンジで相手をきりきり舞いさせるようなシーンは、今大会でさえなかった。今後、それができるようになって、そういうモードになれば、おもしろいんだけどね。オカも遼一も必要ないくらい2人でやってくれ、という感じになれば」

——まだ2人はそのレベルじゃないと。

「こういうときは全体像として見るべきでしょ。たとえばバルセロナだったら、メッシがいなくても強いとオレは思う。むしろシャビがいない方が痛かったりね。オレの中ではダニエウ・アウベスがおらんときが、一番サッカーが変な感じがする」

——なるほど。

「逆にピケがおらんとき、ぜんぜんボールがまわらなかったり。そこがサッカーのおもしろいところ。ペドロがいなかったら、結構、相手にボールを持たれたりしてね。攻守の切り替えが遅くなるから。ペドロはボールを取られたとき、一番エンジンのかけ方が早くて、そこでまたボールを奪って、バルサらしいサッカーができている。結局、そこの化学反応。ただ、バルセロナは個もすごいし、パスワークといったチーム力もある。日本代表はそういうレベルじゃないから。オーストラリア相手に、後半はぜんぜんボールを回されへんかったし、韓国相手にもそう。論点が違う。日本代表の話なんかしたら、いいところ出てこない。下手やし、オーラないし。ボロクソで終わるよ」

――確かに、メディア的な視点で見すぎていたかもしれない。2人がどうとかで語れない部分がある。

「でも、サッカーってそれが醍醐味だからね。その化学反応の話をするのが。ああでもない、こうでもないって飲み明かしながらしゃべって。結局、次の日の朝になっても、答えが見つかってない。それがサッカーやと思う」

――じゃあどんどん議論してくれと？

「それはもう、みんな言われなくてもやるでしょ。日本のサッカーが向上していくには、みんなの見る目が上がらなきゃいけない。そういう意味では、ジャーナリストは一人ひとり、責任重大ですよ。どういうふうにサッカーを伝えていくか」

――日本のサッカー界は、シャビとイニエスタに注目するところから一歩踏み込んで、次の段階に行くべき？

「人間の考え方って、どうしても偏ってしまうからね。別にバルサのサッカーがすべてじゃない。今後、バルサを上回るサッカーが出てくると思う。そうやって時代は流れていく」

——次の時代に来るのはどんなサッカーか、常に考えているということ？

「それは選手なら、誰しも考えていると思う。ただ、どうしても、みんな憧れの方に目が行って、後を追っちゃう。追うのは悪くないし、追って学ぶこともある。ただ、何度も言うけど、オレは追うのを止めたから」

——それはいつから？

「W杯が終わって、いろいろロシアで試行錯誤して。自分のサッカーをしたいというか。それじゃなきゃアカンと」

——そういうW杯以降の葛藤があったから、今大会でより悔しさが残ったと。

「やっぱりねぇ、優勝したことに関してはすごく嬉しかったけれど、サッカーってね、勝っても、自分が活躍しないとおもしろくない」

——本田くんの中では、活躍してない感覚なんだね。

「もっと相手をチンチンにしたかった。これを簡単にやらしてくれへんのは、試練みたいなものだと自分では受け止めているけどね。だから、サッカーはおもしろい」

本田圭佑から投げかけられた唐突な質問。

搭乗の時間が近づき、そろそろ取材を終えようとすると、突然、本田が質問をぶつけてきた。

「オレはどういうプレイヤーになったらいいと思いますか？」

質問をする立場から、される立場になって一瞬混乱したが、ぱっと頭に浮かんだのは、イニエスタの良さを本田という選手の中に取り込むということだった。

「イニエスタは、相手の視野から外れ、うまく背中側にまわってボールを受ける感覚がある。だからバルサは成功している。それを本田くんもできるんじゃないか?」

本田はテーブルを見つめながら、「なるほどね」と言って、しばし黙考した。

パワフルなレフティとして得点力に優れ、ゲームを作る能力があり、どんなポジションもこなせてしまうほどのオールマイティがある。そこにイニエスタ的な「派手ではないが攻撃に効果的な武器」を身につけられれば、さらに進化するはずだ。

本田が再びサングラスをかけて言った。

「まだまだオレは、ここから変わりますよ。だって、2年前とも、1年前とも、オレの印象って違うでしょ?　今、ギアで言ったら、3段くらい。6段まであると感じている。どんどんギアチェンジしていきたい」

搭乗ゲートまで行くと、また記念撮影を求める人の輪ができた。本田は機内に乗り込むと、最前列に用意されたビジネスクラスの席についた。

イスタンブール行きの飛行機は午前2時55分、定刻どおりに飛び立った。

優勝というタイトル、MVPという勲章、そして世界でひとつのオリジナルへの強い気持ちとともに。

4 《非エリートの思考法》

安定って言葉は、これまで生きてきて
あまり使ったことがないし、
聞いたこともないですね。
僕の辞書にない言葉です。

――2011年6月@モスクワ

想定外が起こることも想定内。

助手席のドアを開けると、運転席で本田圭佑がハンドルを握っていた。白い短パンに、白い麻のシャツ。足元は革のサンダルだ。いつものように両腕に時計を巻き、サングラスをかけている。

２０１１年６月中旬、モスクワ郊外のＣＳＫＡの練習場――。本田が運転する真新しい四駆に乗り込むと、やわらかい香水の匂いに包み込まれた。

本来ならば練習場で取材する場合、クラブハウスの出口で待って、車のドア越しに質問するのがパターンだ。だが、この日本代表のエースにとって「いつもどおり」では、刺激もおもしろみもないのだろう。車の横から今回のテーマである「思考法」について聞きたいと交渉すると、驚くような提案をしてきた。

「ちょっと時間がないんで、家に帰りながら車で答えてもいいですか？」

断る理由などあるはずがない。慌てて待たせていたタクシーに残金を払い、助手席の側にまわった。

「参考までに、家までどれくらい？」

「30分くらい。まあ、道が混んでいたら、もっとかかりますけど」

この日ばかりはモスクワ名物の渋滞が頼もしい。本田がシフトレバーをドライブに入れるのとほぼ同時に、録音機のスイッチを押した。

——去年取材したとき、2010年W杯のカメルーン戦のゴールもデンマーク戦のゴールも想定内だったと言っていた。本田くんにとって「想定内」とはどんな概念?

「すごいシンプルで、僕は常に『想定外も起こりうるだろう』って考えている。たとえば試合前に100の準備をしたとする。でもプラスアルファで20は何かが起こるだろうって心構えをしておくわけ。当然、それが何かはわからないけど、とにかく何かが起こるだろうと。だから、想定外が起こることも、自分にとっては想定内なんです」

——完璧な準備をする一方で、さらに何かが起こると考えておくと。

「そうすればもし想定外が起こったとしても、気持ちを切り替えやすい。試合で予想が外れるなんてざら。想定外の困難に負けずに、勝利に向かって走り出すっていう心構えを作ることが重要だと思う」

モスクワの道路はやはり混んでおり、すぐに渋滞につかまった。だが、本田は隙間を見つけるとぐいぐい車線変更していく。高速道路の入り口では長い車列をすっ飛ばし、ぎりぎりまで近づいてからスッと列に入り込んだ。これまでいろいろな選手の車に乗ったが、最も運転が力強く、勢いがある。

——これまでの日本ではいい学校に入って、いい会社に就職するのがエリートとされてきた。

でもビジネスの国際化が進み、そういう安定志向の人材は通用しなくなってきたと言われている。本田くんは「安定」という言葉についてはどう思う？

「安定って言葉は、これまで生きてきてあんまり使ったことがないし、聞いたこともないですね。僕の辞書にない言葉です」

——辞書にない？

「だって、人生は上がるか、落ちるかのどちらかでしょ。安定っていうのは横棒の状態のことを言ってるんでしょ？　誰かがそれを安定と呼んだだけで、僕からしたら横棒というのは下に落ちているわけで」

——確かに安定は、あとから見たら落ちているのかもしれない。

「そう。ただ、勘違いしちゃいけないのは、下に落ちるっていうことが、進化してないということではないんですよ。下に落ちるのも、次に上がるための変化かもしれない。上がるために、落ちることが必要なこともある」

——今は谷だから、次はこういう山にしようというイメージがあるということ？

「それがイメージできたらすごいけどね。大抵は自分が今から谷に向かっていますって受け入れられるものではない。トンネルをくぐっていて、それが山なのか谷なのか、いつ抜けられるかもわからない。でもなんとか、その真っ暗なトンネルを抜けたくて必死に進むわけですよ。大事なのは、その辛い時期を残念と思うのか、自分にしかできないチャンスだと思うのか、っていうところだと僕は思っている」

本田がかけていたサングラスを外して、シャツの胸元に挿《さ》した。言葉にいっそう熱がこもる。

「だから大事なのはね、現状を自分でどうとらえるか。これまでずっと自分を奮い立たせてやってきたし、いろんな面から困難に向かうことを経験してきた。どんな壁にぶち当たっても、絶対に越えてやろうと思っている」

まずは自分の能力を知らないと、前に進めない。

２０１０年1月、本田はオランダのフェンロからＣＳＫＡに移籍した。あれから約1年半が経過したが、まだ次のステップへの具体的な道筋は見えていない。しかし、トンネルを突き進む経験こそが、新たな上昇曲線につながることを本田はこれまでの経験から知っているのだ。

実際、今、本田は急激に調子を上げ始めている。２０１１年5月のロシアカップ決勝で決勝点をアシストしたのを皮切りに毎試合のように得点に絡み始め、ＣＳＫＡが首位に立つ原動力になっている。2位アンジとの大一番ではゴールも決めた。この車に乗り込んだ日は、ちょうどそのアンジ戦の翌々日だった。

――最近の好調の理由は？

「あえてあげれば、足首の痛みがなくなったことかな。アジアカップで痛めて、ヨーロッパリーグのＦＣポルト戦でもひねった。その痛みがなくなってきている。まあ、点が取れるか取れないかは紙一重だから、ゴールが決まらなくても悲観はしていなかったけどね」

――誰だって試合に負けたら落ち込むと思う。敗戦後はどう気持ちを切り替えている？

「勝っても負けても、必ず次の週に試合のDVDを見直すようにしている。ただ、試合当日はプレーについては触れないようにしている自分がいますね。で、翌日から話をするようにしている」

――それはなぜ？

「試合後って、まわりが僕以上に気を遣うでしょう。結果が良かったにしても、悪かったにしても。良かったら『おめでとう！』ってオレ以上に喜ぶし、負けたらオレ以上に悔しがっているから。心配かけたらあかんなっていう自分がいるんでしょうね、本能的に」

――でも翌日からは、自分から試合の話をすると。

「次の日になると、まわりがそこまでホットじゃないわけですよ。まあ、結局は人ごとですから（笑）。だから、オレは翌日から試合の話をする。『どうやった？』とか、意見を求めたりね」

――それは自分の考えを整理するために？

「やっぱり大事なのは、客観的に自分を見ることだから。誰しも自分を客観的には見にくいからね」

――本田くんでさえ？

「難しい。自分を客観視するために、とりあえずみんなに訊く。自分のイメージどおりのときもあるし、聞いていてイラっとすることもあるし」

――腹が立つのにあえて訊くとは。

「自分のイラっとした感情なんて関係ないから。大事なのはそこじゃないでしょ。僕自身は真実しか興味のないタイプなんでね。偽って生きてもしゃーないでしょ」

――慰めてほしい人もいると思うよ。

「自分の心を慰めたいっていう気持ちがわからない。なんでなの？」

――やり切れないから。

「なんでやり切れないのよ？　じゃあ駄目な自分がいたとしよう。なんで駄目な自分がいたら駄目なのか？　それでいいじゃないですか。まずは自分の能力を知らないと、前に進めるはずがない」

ずっこけない成功なんてないんですよ。

気がつくと本田はサンダルを脱ぎ、左足をハンドルのすぐ横のダッシュボードに載せていた。右足はアクセル。左足はダッシュボード。こんなラフな運転スタイルは見たことがない。いかにも破天荒な本田らしい。

――若い時に比べて、自分の考えは変わったと思う？

「うん。自分で言うのもあれだけど、高校時代はヤンチャだったと思うんで（笑）。無茶するっていうか、どうにかして成り上がったろっていうタイプだった。今も生意気ですけども、昔よりは人を立てられるようになったと思います」

――高校時代は先輩を立てなかった?

「むしろなぜ立てる必要があるんだ? って思っていましたからね。俺の方が上や! って。今はオレが上ってわかっていても、立てるっていう優しさはちょっとはある。さすがに僕も学んできましたよ」

――中学卒業時に本田くんはガンバ大阪ユースのテストに落ちてしまった。けれど、もし合格しても、行くつもりはなかったという記事を読んだことがある。

「確かにガンバのユースには、受かっても行かないつもりでしたね。でも、受かって行かないというのをやりたかったのに、落ちちゃったからね。自分が描いたカッコいいストーリーが崩れてしまった(笑)」

――なぜユースは受かっても行かないつもりだった?

「すごいシンプル。当時、ユースってプロに行ける可能性が低かったと思うんですよ。オレはプロになるという目標から逆算して、そのためには子供ながらに高校選手権に出ないといけないと思った。選手権に出て大活躍すれば、プロのスカウトの人の目に留まるから。そういうことを中学1年生のときに考えて、高校サッカーの方に行くって決めていた」

――そんなに早い段階で。

「そうそう。今みたいな状況であれば、ユースもありだなって思ったかもしれないけど」

――中学生のときは毎日がむしゃらに練習して、そういうことを考える余裕はない気がする。

思考のゆとりはどこから？

「ゆとりなんてなかったよ。本当にサッカーのことだけを考えていたから。でも、今考えると、逆算の方程式はできていたね。目標から遡《さかのぼ》って何をすべきかっていう。選手権に出て、プロになって、海外に出るっていう道は、中学生のときに描いていたわけだから。まあ、これは親父の影響だよね。親父の教育が今考えたら大きかった」

——父親から逆算しろと言われた？

「いや、親父は『これをしろ』とは絶対に言わなかった。ただひとつだけ『なんかするなら絶対に1番にならな話にならん』って。ホンマそれだけ。具体的にこうしなさいって言われたことは一度もない」

——とにかく1番になれと？

「サッカーだけじゃあかん。バスケでもバレーでも野球でも、なんでも1番になれって。だから僕は小学校からなんでも1番だった」

——じゃあ、ガンバユースに落ちたのは心の傷にならなかった？

「いや、でもねぇ……やっぱり傷ついたし……悔しかった！　悔しくてしょうがなかった。それこそ当時、自分よりも上手いやつがいるってことを認めようとしなかった。オレの方が全然上やんって。ガンバの指導員はホンマ見る目がないやつやんってね」

——そういう悔しさは原動力になった？

「もちろん、そうですよ。やっぱり人間って誰しもそういうコンプレックスを抱えながら生きているとと思う。で、自分でモチベーションをあげて、奮い立たせる。自分を支えるのは自分しかいないから」

――早い段階での挫折っていうのはエネルギーになる。

「そうだね。このたとえでふさわしいかわからないですけど、子供の頃悪いやつは大人になるといいやつになるってよく言うじゃないですか。それと一緒で、挫折をわかっている人間は、何が本当の成功なのか、どうやったら挫折を乗り越えられるのかをわかっている気がする。逆に順調に来たやつは、大人になってずっこける可能性がある」

――きっと、その不安が安定志向につながるんだよね。

「ずっこけない成功なんてないんですよ。ずっこけ方を早いうちから学ばないと、あとで立ち直れなくなる」

――転んだ経験のある人の方が、のちに這い上がる可能性があると。

「最近、サッカー界でも多いでしょう？　ユウト（長友佑都）もそうだし、オカ（岡崎慎司）もね。オレらの世代はそういうコンプレックスを抱えてる」

――谷間世代だと？

「谷間世代だとは思っていないですよ、僕は。その前にすごい世代がいなきゃ谷間にはならないでしょ。その前にいた誰がすごい世代なの？　日本人で誰がすごいのか教えてくれって思っているから」

――確かにそうだ（笑）。北京五輪もいい挫折になった？

「もちろん。あれはあれでやっぱり悔しかったし」

――心の傷には?

「傷にはなっていない。あれは負けたなんて自分では認めていないしね。オレはあのあといろいろ言われたけど、あんなの（オランダ戦でバベルを倒して与えたPK）は未だに審判のせいだって思っている。PKなんてなかった。負けてなんかなかった。試合に負けたのは事実だけど、負けていないっていう気持ちは大切にしようって思っているから」

――それは面白い発想だ。挫折を歓迎はしているけども、挫折を負けたと思っていないということ。

「結果的には挫折だけども、気持ちではくじけてない。気持ちは一切折れてない」

オレはスーパーマンでもなんでもない。

高速道路を降りると、高層マンションが立ち並ぶ一角が現れた。心なしか道路のアスファルトまできれいに見える。マンションの駐車場にはゲートがあり、1階のロビーにはスーツを着たコンシェルジュが立っているのが見えた。

「車を手配するので、それまでどこかで時間を潰しましょう」

本田の案内で敷地内を歩く。マンションどうしの間隔はかなり離れており、木々が植えられて公園のようになっている。リャマが放し飼いになっている動物園のような場所もあった。

「すごくいいところだね」と言うと、本田は「ここは守られている感じがするよね」と笑った。

敷地内にあるオープンカフェに入った。カラフルな布製のソファーに腕をまわして本田が座ると、雑誌の撮影のワンシーンのようになる。残念ながら、直撃取材なのでカメラマンが同行していないのだけど。

「エスプレッソをダブルで」と本田が注文した。自分も同じものでと言うと、本田がロシア語で「ドゥヴァー（2つ）」と伝えた。ときおりそよ風が通り抜け、午後のゆったりとした時間が流れていく。

——最近、日本代表選手の本が売れているんだけど、本田くんは出さないの？

「興味はないねぇ。まあ、もし引退してから出すことになったとしても、サッカーだけの本にはならないかな。偉そうな言い方になってしまうかもしれないけれども、変わりたいって思っている人に役立つような本になると思う」

——今日の取材の中にも、役立ちそうな話がいっぱいあった。

「まあ、やっていることはみんなとあまり変わらないんだけどね。結局、みんなが嫌がることを我慢してできるかどうかなんですよ。オレはスーパーマンでもなんでもない。ただみんなが嫌なこともやれるし、夢のためにやりたいことも我慢できる。それを本当に徹底していて、あとは人よりも思いがちょっと強いだけ。その差が結果に現れたりするんですよ」

——少しの差が、大きな結果を生み出すと。

「オレはそう信じているよね。それを信じてがんばっていかなあかん」

——実感としてあるわけだ。4年に1度のW杯でFKが入るとか。

「いるのよ、神様って。がんばっているとプレゼントしてくれるんですよ。だから面白いよね」

——未だに南アフリカW杯の映像が流れると見入っちゃう。

「次のブラジルW杯は3年後でしょう？　あかんなこのままじゃ」

——あかんっていうのは、グループリーグを突破できないとか？

「いやいや、オレは優勝を目指しているから。グループリーグ突破って、どんだけ低い目標なん!?　普通に考えたらもう2回しているわけでしょう」

——ベスト16じゃ、面白くもなんともない？

「うん。オレは勝負事で2位でいいと思ったことはない。そんな目標なら参加しーひんほうがいいよ。行けるってちょっとでも思ってるからやるんであって」

——それがすごい発想なんだよ。

「だって絶対に負ける喧嘩はしないでしょう。もしかしたらこいつの不意を突いたら一発で気絶させられるんちゃうかって、ちょっとでも思うからやるんであって」

——こちらの意識が低すぎたね。

「もちろん男だったら負けるってわかっていても、やらないかん勝負もありますよ。それでも可能性を突きつめないと話にならん」

——自分の中で優勝までのイメージはある？

「それはそうやわ。ただ、いろんなところで自分の力ではどうにもならないことも起きているから」

——移籍のこと？　何が起こっているのか聞いていいのかな。

「現時点で言えるのは、何も起こっていないっていうこと。何か起こったときっていうのは、サインしたっていうことだからね」

——確かに。

「今回の移籍はね、そんな簡単なことではないしね。大金が必要なわけで。で、このご時世でしょ？　そりゃヒデさん（中田英寿）がいた時代のイタリアだったら、どこかしらお金を払えたかもしれないけど。今はいかに安く取って、高く売るかの時代。マンチェスター・シティくらいでしょ、大金を出せるのは」

作った人格が、本当の人格になる。

本田が携帯電話を取り出して、メールを確認した。

「車、まだ時間かかりそうです。水でも飲みますか？」

本田はミネラルウォーターで口を湿らせると、なぜ自分がメディアにあまり出ないのか、理由を語り始めた。

「オレは子供の頃のイメージを大切にしている。自分が子供のときってどんな人がカッコよかったのかなって考えるわけですよ。そのカッコよかった人を実践したい。今の大人になった自分で」

——子供がどう思うかを大切にしていると。

「オレは別にCMにいっぱい出たいとか、スポンサーといっぱい契約したいとか、そういう人気者になりたいわけではない。ホンマの、真のスターでいたいから」

——心のヒーローってことか。

「だからなんでも表に出ればいいっていう問題ではなくて、安売りっていうのはホンマに気をつけていますよ。だから、テレビ番組にあまり出ないっていうのも、そこに関係している」

——オファーはあるけど、一切断っていると。

「サッカーを知っている人と話すっていうのはいいんですけども、サッカーとは違う世界の人との出演のオファーが来ると、オレはどのレベルで会話をすればいいのかと思ってしまう。タレントさんに質問されて、オレはどうすればいいのか。そんな気を遣って仕事なんてしたくないから。出るなら、常にガチで話したいから」

——自分を平均のレベルに合わせるのが嫌なんだね。

「見ておもしろいって思う人がいるかもしれないけど、子供が本当に見たいのはそういうものではないと思う。子供っていうのは、ガチに憧れる。だって小さい頃は、将来は大金持ちになりたいとか、イタリアのACミランの選手がカッコいいとか思いませんでした？」

——子供の憧れはすごくシンプル。

「だからサッカー選手っていうのは、カッコつけなきゃあかんのですよ。カッコつけて当たり前。カッコつけることに慣れなあかん」

――簡単じゃなさそうだね。

「それが普通になればいいんですよ。僕なんていうのはカッコつけることが当たり前になっていますから。だって毎日、すぐそこにカメラがあると思って生活してますから。サッカー選手は、カッコよく振る舞うことを人格にしないと」

――そういう考え方の選手には初めて会ったよ。

「極端に言うと、僕の場合、無理をして先に人格を作っちゃうんですよね。ヒーローとしての人格を作って、普段からそう振る舞うようにする。それを続けていたら、自分の本物と重なるんですよ」

――人格が追いついてくるということ？

「そう！　作った人格が、本当の人格になるんです。そうしたらホンマにカッコイイ本田圭佑ができあがるんですよ。だから1日1日が本当に大切になってくるんです」

ミネラルウォーターの瓶がほぼ空いた頃、本田は質問をしてきた。

「最近読んだ本で印象に残ったものはありますか？」

こちらが答えに迷っていると、本田がすぐに言葉を続けた。

「サミュエル・スマイルズっていう作家を知ってます？　彼が書いた『自助論』という作品。

最近読んだ中では、一番良かったかな」

スマイルズは19世紀に活躍したイギリスの作家で、『自助論』は1859年に発行された。日本では明治時代に発売され、福沢諭吉の『学問のすゝめ』とともに大ベストセラーになった古典だ。

「題名どおり、自分を助けるっていうことを唱えている本。要は自分を助けることができるのは自分だけだと。すっごくいいよ」

ちょっと冗談っぽく本田は言った。

「もし原稿の最後に2行くらい余ったら、マコ（長谷部誠）やユウトの本もいいけど、『自助論』もいいよって書いておいてよ」

本田の携帯電話が鳴った。どうやら車が到着したらしい。本田はさっと伝票を取り、こちらの分まで支払ってくれた。

「最近、身近な人にウサギとカメの話をよくするんですよ。日本人は足も遅いし、身体も弱い。そのカメがウサギに勝とうと思ったら、進み続けないといけない。悩んでいる同級生とかがいたら、それをぶつけますね。『どうやったら勝てるか考えろ。進み続ける以外にないやろう』って」

手配してもらった車にこちらが乗り込むと、本田がガッシリとしたアゴを引き、手を軽くあげた。まるで映画の中の主人公のように。

5

《究極のサッカー問答》

いつも自分のビデオを見返して、どれだけ下手やねんと思う。

――2011年9月@モスクワ

本田圭佑に問いかけたある〝サッカー論〟

２０１１年9月、本田圭佑は右ヒザ半月板の手術を受け、プロになってから初めて長期離脱の危機にさらされた。

本来、このタイミングであれば、ケガの話、そしてエース不在で臨んだブラジルW杯予選の話をすべきだろう。北朝鮮戦も、ウズベキスタン戦も本田がいなかったことで、明らかに日本代表の攻撃は手詰まりになっていた。

だが、そういう短いスパンでの出来事より、日本が本気でW杯優勝を目指すために、ぜひ知ってほしい本田の〝進化〟がある。

約３カ月前のことだ。

２０１１年6月22日のＣＳＫＡ対ロコモティフのモスクワダービーを記者席から観ていて、鳥肌が立つような驚きを覚えた。本田が今までにないような発想を持ってプレーしていたからだ。

本田と言えば、パワーと技術を生かして、相手に囲まれてもボールをキープできるのが大きな武器だろう。ただ、ひとつ欲を言えば、ぶつかられてもキープできるだけに、フリーになろうとする動きが少ない印象があった。相手を外す動きが不足していた。

だが、この日は違った。

首を何度も振ってまわりを見てポジショニングを修正し、相手に近づきすぎるとバックステップを使って間合いを広げる。また、パスを受ける直前に、相手の重心を揺さぶるようなアクション（たとえば左に行くと見せかけて、右に行く）をしてフリーになっていた。

首を振る回数、バックステップの回数、パスコースに顔を出す回数……。どれもが格段に増えていた。

まるでバルセロナに数カ月留学したかのように――。

実はこのダービーの2日前、ＣＳＫＡの練習場で、筆者はあるサッカー論を本田に投げかけていた。

「現代サッカーでは、こういうボールの受け方が鍵になっている」と。

以下、本田に伝えた内容を、そのまま書いてみたい。

もともとこの理論を提唱したのは、元日本代表の風間八宏だ。

２０１１年１月、九州で行なわれたチャリティーマッチで、中田英寿のチームの監督を務めることになり、風間は試合前日に１度だけ、練習を指導した。

監督として要求したのはひとつだけ。「足元にパスを出せ」ということだ。

中田と藤田俊哉がデモンストレーターとして選ばれた。風間が中田にパスを出し、中田がボールを止めた瞬間、藤田が動き出し、その足元に中田がパスを出すというメニューだ。

まず1回目、2人は指示通り正確にパスをつないだ……かに見えた。だが風間はこう声を張り上げた。

「俊哉、動き出すタイミングが早すぎる！」

2回目も風間は「まだ早い！」。さすがに藤田も「ヒデがボールを止めてから、ちゃんと動きましたよ」と自分の意見を伝えた。

すると風間はこう言い放った。

「ヒデのトラップが止まってないんだよ。止まってないんだから、俊哉がもっと遅いタイミングで動いてやらないと」

「え、僕？」

中田はまさか自分の落ち度を指摘されるとは想像もしなかっただろう。風間によれば、ボールを止めるとき、最短でパスを出せるポイントがある。中田のトラップにはそういう厳密さがなかったのだ。

だが、さすが元日本代表の2人、理屈を理解すると厳密につなぐようになり、明らかにパスまわしが速くなった。

このエピソードを告げると、本田は「ふーん、なるほどね」と少し感心したような表情を浮かべた。

問題はここからだ。パスを出す技術が正確になると、今度はパスを受ける技術もさらに高いレベルが要求される。

風間は監督を務める筑波大学で、フリーになってボールを受ける「人を外す」技術を高めることに取り組んでいる。

人の外し方は無数にあり、相手の視野から消えてもいいし、もしくは重心移動の逆を取ってフリーになってもいい。急に立ち止まるのも手だ。こうした受ける技術の達人が、シャビ、イニエスタ、メッシだ。彼らはパスが来る直前にフリーになり、密集していてもパスを受けることができる。

筆者は一連の話を終えると、最後にこう付け加えた。

「パワーで勝ってパスを受けるのは、すでにできている。こういう受け方もできるようになれば、さらに脅威が増すんじゃないか？」

自分の課題を指摘されたのだから、愉快ではなかっただろう。本田は率直な感想をぶつけてきた。

「サッカー選手なら、誰でもわかっていることですけどね。大学でやるのと、何万人もの観衆の中でプレッシャーを感じながらやるのとではまったく違う。シャビはそういう舞台でとことん突き詰めて身につけた。口で言って、すぐにできるものじゃない」

ただし、本田は新しいことから目を背けるようなタイプではない。むしろ貪欲に挑戦するタイプだ。フッと表情を崩してこう言った。

「まあ、参考にさせてもらいますわ」

その言葉どおり、本田は次のモスクワダービーでは、進化した姿を見せた。さすがに2日間で自分のものにするとは思わなかったが。

あれから3カ月。この変化を本田自身はどう受け止めているのか。8月下旬、再びCSKAの練習場を訪れた。

「あの話の続きをしたい」

練習後に声をかけて、本田とともにクラブハウスの敷地内に入った。歩きながら答えが返ってくる。

「どうぞ。こちらが答えるかはわかりませんが」

いつものスタイルで取材が始まった。

うまい選手を見ていると、まだまだかなと思う。

——最近ボールを受ける動きが抜群に良くなったと思う。手応えを得ているのでは？

「まだまだだと思いますね。それを答えと決めつけるのはまだ早いと思うし、逆にオレの中ではいろいろと調子の悪いときにトライしていて、それが数字には表れなくても、自分の中では手応えがあってやれていたから」

——でも、首を振ることやバックステップといった、人を外す動きに取り組んでいるのは間違いない？

「もちろん、もちろん。でも、うまい選手を見ていると、まだまだかなと思う。たとえばメッシとかね。そのへんの外し方が、うまいなと思いますね」

——イニエスタやシャビもそう。

「うーん、イニエスタは攻撃的ですけど、シャビはどちらかと言ったらボールをつなぐための外し方なんで。メッシとかは点を取るための外し方。そこはイコールじゃない」

——本田くんが興味があるのは、メッシの方の外し方？

「点を取るための外し方がうまいのは、クリスチャーノ（ロナウド）もそうですけど、日本で言えば（香川）真司ですよね。ゴール前の外し方がうまいと、相手の脅威になる」

「メッシ」というキーワードが幸いしたのだろう。クラブハウスのドアの前まで来ると、本田は壁際の段差に腰を下ろした。

クエン酸入りのビタミン剤をトレーナーから受け取り、オレンジジュースで流し込む。日々続けている習慣のひとつだ。

——メッシの外し方には、こちらにも思うところがある。メッシの場合、あえて動かないことで相手を外していると思う。

「いや動いているよ、一瞬は。確かにバルサでのメッシは、イニエスタとシャビがいるからかなりレイジー（＝怠けて）にやっていても、自動的に外れている部分は多い。相手の間に止まっているだけで外れることもある。でも強い相手になったときに、メッシにはセンターバックが食いついてくるからね。ボランチとボランチの間にメッシが顔を出したときもそう。センターバックとの駆け引きが、やっぱりうまいのかなと思う」

――そんなところを見てるのか。

「たとえばメッシは、一瞬、クッてゴール方向に上半身を移動させるだけで、ディフェンスがインターセプトする姿勢を止めさせている。で、メッシが上半身を元に戻したときには、ディフェンスの足が止まっている」

――レベルが高い話だね。

「そんなの前から見てたけどね。でも、何回も言うけど、実際にやるとなるとできひんくて。だってチャンピオンズリーグをTVで見ていたらヘタクソでしょ」

――そうかな（笑）。

「バルサはうまいけど、ほとんどのチームは下手くそですよ。オレもいつも自分のビデオを見返してて、どんだけ下手やねんと思っているし」

――とにかく今、人を外す動きを意識して、取り組んでることがわかった。

「いや、それを訊かれているから、それを答えているけど、取り組んでいることは多くて。そこをクローズアップするんであれば、オレはそうやって答えるし。もっとこだわっていることはたくさんある。ＦＫやってそやし、一つひとつのプレーもそやしね。もうちょっとシュートのジャンルを増やしていきたいというのも、今後の課題かな」

――シュートの種類？

「そやね。言い換えると、ゴールのパターンかな」

メッシのゴールの本当のすごさ。

翌日、このやりとりをあらためて思い返すと、ふと今年5月のチャンピオンズリーグ決勝でメッシが決めたゴールのことが頭に浮かんだ。

後半9分、メッシは右サイドでボールを受けると、一気にドリブルで中央に加速。そのときボールは、並走したDFに隠れ、GKファンデルサールから見ることができなかった。このベテランGKはボールを視野に収めるために、メッシから向かって左側に体を動かした。

メッシはこれを見逃さなかった。

GKが動いたのとは逆の、右側にシュートを打ったのである。逆を突かれたファンデルサールは一歩も動けず、ただボールが吸い込まれるのを見るしかなかった。もしかしたらメッシは、わざとDFを使ってボールを隠したのかもしれない。

ゴールのパターンを増やすとは、こういうことなのでは？　再び練習場で質問すると、本田は歩きながら答えた。

「ちょっと違うね。意図的というよりは、結果的にボールがDFにかぶったんだと思う」

本田は続けた。

「オレがあのシーンで一番驚かされるのは、別の部分にある。確かイニエスタからメッシはボールを受けたんだけど、もう朴智星《パク・チ　ソン》がバテバテで、守備はもう無理やろうなって感じだった。

おそらくメッシはそれを感じとった瞬間に、あそこのコースにドリブルすることを決めていたんやろうなと思って。めちゃくちゃ判断が速いよね」

おそらく今、本田は9月に手術を受けた右ヒザのリハビリを続けながら、いろいろなプレーのイメージをふくらませているに違いない。ときにバルセロナを、ときにはチャンピオンズリーグの試合を参考にしながら。

これまで正直に言えば、本田がレアル・マドリーやマンチェスター・ユナイテッドのようなビッグクラブでプレーできるかは、運に左右される部分があると考えていた。

本田のようなパワーと技術をあわせ持った選手は世界でも少なく、ある意味、独特のボールの受け方をしている。こういう選手を生かすには、中央を〝なわばり〟として与えるのがいいが、そうなるとチーム全体のグランドデザインが変わってくる可能性がある。監督によっては、それをリスクと考える場合もあるだろう。バルセロナ時代にファンハール監督が、リケルメを敬遠したように。

だが、ボールの受け方の引き出しが増えれば、そんな問題は一瞬にして吹き飛ぶ。自然とパスが集まり、どこのチームに行こうが、攻撃の中心に収まることができる。たとえばルーニーならば、どんなビッグクラブに行ってもポジションが用意されるだろう。

今ならはっきりとイメージできる。将来、本田がビッグクラブでプレーする姿を。

6

《追跡ルポ①》

Numberの名前を出せば、しゃべると思ったら大間違いだよ(笑)。

――2011年12月@バルセロナ

160万分の1の当たりくじを探す旅。

直撃シリーズも回数を重ね、編集部からの無茶ぶりにも慣れたつもりだった。だが、この依頼が来たときには、思わず頭を抱えてしまった。

「バルセロナでリハビリしている本田圭佑を見つけ出して、直撃取材して来てください」

当時、本田は右膝の治療のために、所属クラブがあるモスクワではなく、バルセロナに短期滞在していた。2011年9月にバルセロナで右膝半月板の手術を受け、11月18日のルビン・カザン戦で実戦復帰したものの、患部の痛みが大きくなったからである。

再び手術を受けるわけではなく、診断を受けたらすぐにモスクワに戻る手もあった。しかし、本田はリハビリに集中するためにチームから離れた場所を選んだ。マイペースで取り組めるだけでなく、温暖なバルセロナの方が膝に優しいという判断もあったのだろう。

ただし、取材する側からすると、個人メニューはなかなか厄介だ。クラブなら練習場が決まっているが、異国の地での別行動となると、どこにいるかがわからない。

人口約160万人のバルセロナから、1人を探し出す——途方もない作業だ。だめもとでCSKAモスクワに連絡したが、予想通り「どこでリハビリをしているかは知らない」というツレない返事が返ってきた。

だが、理性では「リスクが大きい」とわかっていても、ミッションが困難であればあるほど、「やってやろうじゃないか」という気持ちも大きくなってくる。登山家もこんな気分だろうか。もし探し出して会えたら、きっと普段とは違う時の流れの中で話を聞けるに違いない。

編集部に電話して伝えた。

「約2週間、バルセロナへ行ってきます！」

160万分の1の当たりくじを探す旅が始まった。


まず出発前に行なった重要な作業が、ホテル選びだ。

探す手間を省くために、できれば同じホテルに泊まりたい。選手の公式サイトに掲載されている写真を見ると、9月に手術を受けたときはビーチサイドのエリアに泊まっていることが推測できた。

その写真の背景に写っていたのが、『W Hotel』というシェラトンと同系列の高級ホテルだ。NHKの番組『プロフェッショナル』でも、このホテルのカフェでインタビューを受けていた。今回もここに泊まっている可能性が高いと推測した。

しかし、取材側としてはひとつ悩みがあった。このホテル、かなり高いのである。『W Hotel』のサイトで予約しようとしたら、1泊286ユーロ（約3万円）。通常の取材なら、とても経費で認められない値段だ。ひょっとしたら自腹になるかも……と一抹の不安が頭をよぎるも、インターネットの予約ボタンをクリックした。

『W Hotel』に到着すると、その値段に納得した。ロビーは赤と青の間接照明で落ち着いた雰囲気が作られており、ドレスアップした男女で溢れている。部屋に入ると、窓が床から天井まで一続きになっており、地中海が見渡せる。その前には背もたれのないソファーが置かれていて、さながらバーのラウンジだ。照明は赤、黄色、緑、青と数色が選べた。

有名人が泊まっていても、何ら不思議がない高級感に溢れるホテルだ。では、どうすれば宿泊を確認できるか？　フロントで「ミスター・ホンダにつないでくれ」と言うのが手っ取り早いだろう。

到着の翌朝、フロントで「ミスター・ホンダをお願いします」と切り出した。もし本当にいたら、すぐに「用事ができたのであとにします」とストップするつもりで。

だが、予想はあっさり外れ、このホテルには泊まっていなかった。念のため同行している個人トレーナーの名前も訊いたが、やはりいない。『W Hotel』の2泊分の値段、計572ユーロ（約6万円）が泡と消えた瞬間だった。

とはいえ、こんなところで落ち込んでいる場合ではない。行動しない限り、何も情報は入ってこないのだ。録音機、財布、ノートという最小限の荷物だけを持って、バルセロナの街中へと出発した。

ホテルを出てまず考えたのが、近くのスポーツジムに来ていないかを訊いてまわることだった。公式サイトの写真を見ると、手術後に通っていたジムの窓の外には海が写っていた。きっと『W Hotel』からそう遠くないはずである。

ビーチを歩いていると、すぐにスポーツジムが見つかった。まだ朝8時だったが、すでに汗を流している人がいる。カタコトのスペイン語で、受付の女性に「ケイスケ・ホンダという日本人のサッカー選手は来ていませんか？」と訊いた。

期待した答えは返ってこなかった。

「サッカーじゃなくて、水球の選手じゃない？　ここのプールに日本人の水球選手が来るわよ。サッカー選手は知らないわね」

念のため、公式サイトの写真を見せたが、「ここではない」とのこと。近くのスポーツジムも教えてもらい、そこにも足を運んだが、同じようにまったく関係ないところだった。

このままジムを探すか、それとも病院に行くか。どちらも確証はない。それでも一度は病院に寄って、だめもとで診察の時間を聞いておいた方がいいと考えた。

『Hospital Quiron』

手術を受けた病院の住所は、あらかじめネットで調べておいた。

病院に行って担当者に質問すると、「スペインの法律により、患者の情報は一切教えることができません」と門前払いされた。しかし、その反応にかすかなヒントがあった。頻繁に本田が訪れているようなニュアンスを読み取れたのである。

こうなったら直感を信じて、ひたすら病院で待つしかない。

どこかのジムでリハビリをしていたとしても、いつか必ずヒザの状態を調べるために病院に診察に来るだろう。たとえ5、6日張り込むことになったとしても、その1回を見過ごさなければ会えるはずだ。

「本田圭佑はいつ来ますか？」

午前10時。当てのない張り込みがスタートした。

張り込みを始めた最初の数十分は、探偵になったような気分がして、少しばかりテンションが高い自分がいた。だが、時間が経つにつれて、ふと「何をしているんだろう」と我に返る瞬間が生まれた。見当外れのことをしているんじゃないか、という不安とともに。

時計は11時をまわり、そして12時をまわった。

ずっと立っているのがつらくなり、気分転換をかねて、病院の中を歩いてみることにした。1階だけでなく、地下にも受付がある。1階の入り口から目を離すのは少し怖いが、短い時間であれば大丈夫と割り切った。

結果的には、これが正解に近づく第一歩になる。

エスカレーターで地下のロビーに下りると、「ドクター・クガット」という表札が目に飛び込んできた。クガット医師は、まさに本田の手術を執刀した人だ。細い廊下を抜けると、MRIの検査室が現れ、さらに進むと小さな専用の受付が現れた。

ハッタリを込めて、単刀直入に受付の女性に訊いた。

「本田圭佑はいつ来ますか?」

女性は残念そうに首を振りながら「ノ〜」と言ったものの、すぐに畳み掛けるようにスペイン語で説明を始めた。何を言ったかほとんどわからなかったが、「フィジオテラピー」という単語だけはしっかりと聞き取れた。どうやら他の場所にフィジオテラピーの部屋があるらしい。

この情報が、決定的なヒントになった。

ロビーに戻って再び人の流れを見ると、地下1階の奥の方から松葉杖をついた患者が次々に出てくることに気がついた。これは何かあるぞと思って近づくと、「Servei de Rehabilitacio I Fisioterapia」(リハビリテーションおよびフィジオテラピー部門)という看板が目に飛び込んできた。

これだ!

奥に小さな受付があり、再びハッタリで「本田圭佑はいつ来ますか?」と訊いてみた。すると、白衣を着た女性は大きくうなずき、「こっちに来い」と手招きをして、奥へ、奥へと案内してくれる。

廊下を抜けると、大きなスペースが現れ、リハビリのための治療台がずらりと並んでいた。そしてもうひとつの治療部屋を抜けると、ジムの部屋が現れた。

恐る恐るジムを覗くと……。そこにはTシャツと短パンというラフな姿の本田がいた。座りながら太腿で、リフトアップしている。

こんなにも近くにいたのか! 大声で叫びたい気持ちを抑えながら、ジムに足を踏み入れた。

本田は、すぐにこちらに気が付いた。

「おぉぉぉっ!?」

本田は驚きの声をあげると、笑みを浮かべながらこちらに近づいてきた。そして右手をすっと差し出した。がっちりと握手。すべてが報われたような気がした。

「いったい、何してんの?」

――こんなところまで入ってきて、申し訳ない。会えるかわからなかったけれど、わずかな可能性にかけてバルセロナに来た。来なければ可能性はゼロだから。今回はまたＮｕｍｂｅｒの企画で、話を聞きたくて。

「Ｎｕｍｂｅｒの名前を出せば、しゃべると思ったら大間違いだよ（笑）」

――まあ、そうなんだけど、そこを何とか考えてもらえれば。

ちょうど筋肉トレーニングのメニューが終わったようで、本田は隣の部屋に移動し、治療台のひとつに座った。スペイン人医師がゼリー状のものを右ヒザの上に出し、付き添っていた個人トレーナーが円状の器具を当てた。おそらく超音波が出て治療効果があるのだろう。

「すぐ終わるから、外で待ってて」

本田にうながされ、フィジオテラピー部門の小さな待合室で待った。十数分後、黒いジャージに着替えた本田が更衣室のドアから出てきた。サングラスはかけてない。香水もなしだ。練習場で会うのとも、ミックスゾーンで出会うのとも違う、実にリラックスした表情をしていた。

7

《ガチンコ勝負のコミュニケーション論》

人間関係を大事にするなら、
本音を言わないとあかん。
むしろ本音を言わない人は、
逆に人間関係を大事に
していないように思える。

——2011年12月@バルセロナ

衝突を避けるのは、相手に媚びることでしかない。

バルセロナの病院の更衣室のドアから出てくると、本田圭佑は穏やかに口を開いた。

「ヒザの状態は、まあまあこれからかな。モスクワのドクターとは違って、こっちのドクターは試合を気にせず、フラットにヒザを診てくれる。そういう意味でオレもリハビリに集中しやすい」

本田は独特のコミュニケーション哲学を持つ選手だ。ときに監督との衝突も辞さず、相手に要求を突きつける。それはメディアに対しても同じで、現在の日本代表において最もインタビューを取るのが難しい選手だ。

しかし、すべての取材をシャットアウトするわけではなく、きちんと意図を伝え、そこに何かしら「おもしろい」と感じる刺激があれば、本田は口を開く。たとえアポイントがなかったとしても——。

通常ならば、病院は取材には向かない場所だ。他の患者の邪魔になるかもしれないし、リハビリ中の選手にとって負担にもなる。にもかかわらず、「コミュニケーション論」というテーマが響いたのか、本田は条件付きでゴーサインを出した。

「タクシーに乗るまでの時間だったら、話してもいい」

こうして、類稀《たぐいまれ》な言語センスを持つアタッカーとの〝問答〟が、始まった。

――本田圭佑という人間のコミュニケーションの特徴は、短期的にはものすごく衝突するのに、長期的にはそれが成功をもたらすことにあると思う。この見立ては合っている？

「まず言いたいのは、一般の人にとって〝衝突〟に見えたとしても、自分にとっては衝突でも何でもないってこと。むしろオレにとって、衝突を避けるのは、相手に媚びていることにしか思えない。本音を言ったことで、何かが起こると恐れている……というようにしか見えへんから。それを言ったところで何も起こらへんのに、むしろ相手のためになるのに、本当のことを言ってあげない。オレから見たら、そんなものは何の改善もされへんコミュニケーションでしかないよね」

――多くの人が、人間関係を優先して、衝突を避けているように見えると。

「いや、それは違う。人間関係を大事にするなら、本音を言わないとあかん。むしろオレは、本音を言わない人は、逆に人間関係を大事にしていないように思える。それって冷たいでしょ？　本音を言って相手がエキサイトするのを、メンドくさいと感じるのか、恐れているのか、なんなのかわからへんけど、無難にソツなくっていうふうに見えてしょうがない。オレは衝突を好んで言っているわけではないから。たとえば『お前はこうした方がいいよ』って言ってい るだけ」

――感情のぶつかり合いがあったとしても、それを避ける方が冷たいと感じるわけか。

「ぶつかると言うけど、人それぞれ意見が違うっていうのは当たり前の話だから。そもそも意見が一緒なんていうことはありえへん。考え方が違うからこそ、そこで一番いい方法を話し合って決めるわけでしょ。衝突でも何でもない。『ほぅ、あなたはそういう考え方なん？　でも、オレはこういう考え方なんや』って。どうするのがベストなんかなっていう話なだけやから」

どうやら本田のコミュニケーションには大前提があるようだ。

意見は違って当たり前！

関係を大事にするからこそ本音を言え！

一言で表すなら、コミュニケーションにおいても、常に〝ガチンコ〟勝負を挑むということだ。ケンカになろうが、一時的なわだかまりが残ろうが、それを乗り越えなければ先はないと。

当然、そういうスタンスは、本来もめるべきではない相手に対しても同じだ。本田は絶対的な〝上司〟と言うべき監督に対しても、歯に衣を着せぬ物言いで自分の本音をぶつけるのである。

２０１０年7月、本田がＣＳＫＡのスルツキ監督に反発したというニュースがロシアで報じられた。ボランチでの出場を巡って監督と意見が食い違い、ベンチ外になったと。当時、両者はともに口を閉ざし、どんないざこざがあったのか、一切表に出なかった。

あれから1年半。ついに本田が口を開いた。

監督と行なったありえない交渉。

――外国人とのコミュニケーションにおいて意識していることは？

「最初は相手がどこの誰だろうが、オレのペースに合わせせんかったらまずは衝突する。あえて〝衝突〟っていう言葉を使うとね。でも、そういうぶつかり合いがあるからこそ、相手をわかってくるというか。そこから、相手が何を求めているのかが見えてくる」

――それでもまわりが、何かを感じ取っているのは間違いないでしょ。

「まあ、タイプによって話すことは変えているよね。オレのことを理解しようとしているやつと話す場合と、別にオレの言うことを理解しようとしてないって感じるやつとでは、話す内容は違ってくる。オカやマコ（長谷部）はわりとオレのことを理解しようとしているって思いながら、オレは話しているから。その場合は自分が意図するシーンのイメージを、できるだけ明確に話すようにしている。それでも実際、どこまでわかってもらえているのかっていうのはわからへん。特にオカに関しては、あいつは適当に返事をしていることも多いから（笑）。わかっているようでわかっていないのかなっていう半信半疑の部分もある」

――相手によって本気度が変わると。

「でも今の代表は、そのコミュニケーションの絆っていうのが、以前よりも少しずつ太くなってきていることは間違いない。その絆をいかに太くしていけるか、そしてそれを曲げ伸ばし、伸び縮みさせていけるかっていうことの方が重要で。目標ははるかに上なのでね。そこに到達するための〝逆算方程式〟をもっと解いていかないと。いくら予選で勝っても、まったく満足できるどころではない。これからですよね、代表っていうのは」

――そういう話を聞いていると、本田くんが全員の意識を変えていくことができるんじゃないか？

「いつも言うことなんだけども、相手を変えるっていうのは、オレがやるべきことではなくて、本人自身がやるべきことだから。オレはあくまでもきっかけを与えるにすぎない。自分が変わりたいと思わなくちゃ変われない。本人が気がつかなければ、それ以上ののびしろはない。そういうふうに考えてる」

ヨーロッパには、腐ったりんごが箱にひとつでもあると、すべてのりんごが腐ってしまうという格言がある。本田はまさにその逆で、組織全体に野心と意欲をもたらすことができる。

それにしても、なぜ本田はこういう日本人離れしたコミュニケーション力を身につけることができたのだろうか。

その答えは、身も蓋もないものだった。

「基本的に、生まれた瞬間からこんな感じ」

とはいえ、プロになってから影響を受けたことも必ずあるはずだ。特にオランダのフェンロでキャプテンを務めた経験からは。

２００８―２００９シーズン、フェンロは2部の首位に立っていたが、２００９年2月に2

連敗を喫してしまった。1部昇格を確実にするためにも、雰囲気を変えたい。そこで当時チームを率いていたファンダイク監督は、22歳の日本人をキャプテンに抜擢することを決断した。

なぜファンダイクは、本田をキャプテンにしたのか？　答えは〝指示力〟にあった。

「圭佑が常に前向きで弱音をはかないことや、まわりの意見に流されないことも大きかったが、何と言っても、『戦術を理解して、まわりにわかりやすく指示するのが抜群にうまい』ということだ。彼は戦術を見る目と、考える力が非常に優れている。私にとってキャプテンは、試合中にベンチからの指示を聞いて、まわりに伝えられる選手でなければダメだ。まさにそれにうってつけの選手だった」

本田は見事にキャプテンとしてチームを優勝に導き、2部のMVPにも選ばれた。ファンダイクは、この成功が劇的な進化をもたらしたと考えている。

「私が会ったとき、圭佑は力を持っているのに、まだ自信が十分ではない選手だった。だから私は彼を攻撃の中心に据え、『責任』を与えたんだ。大きな責任を与えられて、潰れてしまう選手もいる。だが、圭佑はそれに打ち勝ち、変貌することに成功した」

おそらく本田本人が言うように、強気でやんちゃな性格は天性のものだろう。だが、それを世界中のどこに行っても躊躇《ちゅうちょ》なく表現できるようになったのは、キャプテンとして2部で優勝した経験が大きかったのではないだろうか。

無言を貫いても、記者から嫌われない。

その一方で、急激な成長は思わぬ部分に影響をもたらした。

メディアとの距離だ。

2009年夏以降、日本代表に定着し始めると、〝異端児〟のレッテルを張られるようになる。同年9月のオランダ遠征での中村俊輔とのフリーキックをめぐるやり取りで悪役として扱われたことが追い討ちとなった。この頃から本田は、インターネットで記事を見るのを避けるようになったという。

2010年W杯での活躍をきっかけに、多くのメディアが手のひらを返したが、時すでに遅し。大会後、本田の声がメディアから消えた。

こういうメディアへの極端な姿勢が、本田のガチンコ度をさらに鋭くさせていく。南アフリカW杯後の2011年6月に取材したとき、こんなことを言っていた。

「サッカーを知っている人と話すっていうのはいいんですけども、サッカーとは違う世界の人との出演のオファーが来ると、オレはどのレベルで会話をすればいいのかと思ってしまう。タレントさんに質問されて、オレはどうすればいいのか。そんな気を遣って仕事なんてしたくない。出るなら、常にガチで話したいから」

訊く側も、答える側も、試合のような緊張感が求められる。本田はそういう点でも、オリジナルの立ち位置を作り出そうとしている。

だが、だからといって本田が、〝非情〟というわけではない。むしろ、真剣勝負の中にも、相手を思いやるやさしさがにじみ出ている。

たとえば、2010年W杯のミックスゾーンで、本田はほとんど足を止めず、質問に答えなかった。だが、そういうときは必ず、報道陣に向かってウィンクをしていた。

無言で通り過ぎるときにも、ポーカーフェイスの中に、申し訳なさそうな思いが窺える。だから、いくら無言を貫いても、記者たちから嫌われないのだ。そこに中田英寿との方向性の違いが見受けられる。

こういうやさしさは、ときに「夢の共有」という形としても現れる。

バルセロナでのリハビリ中、ちょうど日本ではネルシーニョ監督率いる柏レイソルがＪ１の初優勝を達成した。本田は名古屋グランパス時代にお世話になった恩師の成功を、まるで自分のことのように喜んでいた。

「ネルシーニョがおらんかったら、オレはグランパスには行ってなかった。オレが高２のとき、『今すぐ来てほしい』って言ってくれて。『日本の学校は最後まで行かないといけないのか？』と。結局、卒業を優先したけど、１年間待っていてくれた」

本田は一呼吸置いて、続けた。

「オレね、約束しているのよ、ネルシーニョと。次に会うのは、オレは日本代表として、ネルシーニョはブラジル代表の監督として、ブラジルW杯のときだって。今回の優勝で、その約束に一歩近づいたよね」

コミュニケーションにおいて、衝突を恐れず、とことん自分の本音を突きつける。だが同時に、相手の成功を夢見るようなやさしさがある。だから本田の言葉がどんなに尖っていても、そこにたまらない愛嬌が生まれるのではないだろうか。

病院の自動ドアを出ると、すぐ目の前はタクシー乗り場だ。

「じゃあ、また」

タクシーの後部座席にゆっくりと乗り込むと、本田は人差し指と中指をまっすぐに伸ばし、軽く下に振った。いかにも本田らしい別れの挨拶だった。

8

《まさかの取材拒否》

これでインタビューを取ろうなんて甘い。オレが納得する企画を持って来い。

――2012年3月@モスクワ

企画の提案と完全なるダメ出し。

チャンピオンズリーグ（CL）のベスト8をかけたレアル・マドリーとの第1レグの1週間後——。

肩から湯気を立ち昇らせた本田圭佑が、ゆっくりと人工芝のピッチから雪の上にスパイクを踏み出した。CSKAの練習終了時の気温はマイナス10度。ちょっと油断すると給水のボトルが凍ってしまうほどの寒さだ。本田のトレードマークの金髪も、すっぽりとニット帽に収まっていた。

まずは挨拶がてらに、本田の横を歩きながら、この日の練習の感想を伝えた。

「寒いのに、ずいぶん体が切れている気がした。調子がいいのでは？」

決してお世辞ではない。豪快なボレーシュートを決めたかと思えば、ワンツーから抜け出して柔らかいシュートを流し込むなど、実に生き生きとプレーしていたのだ。右ヒザのリハビリを乗り越えた達成感を、噛み締めるかのように。

しかし——。

絶好調だからといって口を開くとは限らないのが、本田圭佑という男である。いきなり強烈な先制パンチが飛んできた。

「今回は、しゃべらんから」

こちらが「え？」と状況を理解できずにいると、本田は畳み掛けた。

「(昨日説明を受けた)企画がしょうもなさすぎる。オレである理由がまったく見えない。これでインタビューを取ろうなんて甘い。Ｎｕｍｂｅｒの編集長に言っといて。オレが納得する企画を持って来い、と」

完全なるダメ出し！　突然の通達に呆然としてしまった。ただし、普通は断られるとショックを受けるものだが、「オレが納得する企画を持って来い」というフレーズに妙な親しみを感じてしまった。

それに本田の指摘は筋が通っていた。今回、Ｎｕｍｂｅｒが８００号を迎え記念となる号に、「ぜひ日本代表のエースに登場してほしい。たとえば、今まで語ってこなかったフィジカル論についてはどうか」と伝えていた。だが、それは作り手側の理屈なのだ。「オレを利用している」という見立ては一理ある。

だから、こう切り返すのが精一杯だった。

「確かにこれまでの企画よりも、本田くんである必要性が弱い。ただ、せっかくモスクワまで来たので、試合は観に行くつもりだから」

本田は穏やかな口調で「了解」と答えると、スパイクで氷をザクザクと削りながら門番の横をすり抜け、クラブハウスに入っていった。

とはいえ、今回の取材でまったく収穫がなかったわけではない。

実はこの〝ダメ出し〟の前日、企画を説明するどさくさに紛れて、レアルとの第1レグを見て感じたある疑問をぶつけることができていた。

その疑問とは、「身体能力が高いレアル相手に、なぜ体をぶつけられずにプレーできたのか?」ということだ。

本田はレアルとの第1レグで後半23分に出場するとボランチの位置に入り、巧みなステップワークで相手の隙間にポジションを取り、ワンタッチやツータッチのパスで相手をかわし、CSKAの攻撃に潤滑油を注ぎ込んだ。

特に後半28分のシャビ・アロンソとの〝駆け引き〟が、この日の本田を象徴している。

まず本田が中央で急ストップしてパスを受け、シャビ・アロンソが近づいてくると、シンプルにセンターバックにボールをはたいた。その流れで本田が左サイドでボールをもらい直すと、今度はアロンソが本気のアタックを仕掛ける。だが、本田はスッと相手から遠いところにボールを置き、隣にいたベルンブルームにパスを出して、難なくアロンソをいなしてしまった。まるで牛に体を触れさせない、闘牛士のように。

何を求めて意識改革に取り組んできたのか。

本田といえばフィジカルの強さを生かし、相手をブロックしてキープすることが多いイメージがある。しかし、レアル戦では別人のようなプレースタイルだったのだ。

なぜ、あんなに当たらないでプレーできたのか？　そう疑問をぶつけると、本田はフフフと笑って答えた。

「まずひとつは、レアルの守備があの時間帯ではもう間延びしてて、スペースが思った以上にあったということ。もうひとつは、もちろんオレに理由がある。ヒザがこういう状況で、そういったリスクのある接触プレーは避けようという考えでピッチに入っていたから。ま、そのふたつが重なって、ああいう感じでスムーズにプレーできた」

――とはいっても、急に当たらないようにプレーしようとして、できてしまうものなんだろうか？　頭の中でかなりポジショニングのイメージトレーニングをしたのでは。

「いやいや。こういうプレーができることは、わかってたことでしょ。逆にこっちからしたら、『わかってなかったんですか？』って話ですよね」

――どういうこと？

「だから、『オレが当たらずにできないって思っていたんですか？』ってこと。オレが南アフリカW杯のずっと前から、何をあえて求めてオランダで意識改革に取り組んできたかっていうのを、もう一度理解してもらった方がいいかもしれない。もともとのオレのプレースタイルも考えた方がいいよね」

確かに言われてみれば、本田は2008年夏の北京五輪あたりまでは、パスをつなぐという点においてもっとシンプルにプレーするMFだった。たとえば北京五輪のナイジェリア戦を見返すと、（必ずしも効果的ではなかったが）ボランチ付近にまで戻ってパスを散らす役になっていた。

プロ入りから、本田のプレースタイルはめまぐるしく変わっている。

2005年、ネルシーニョ監督に一目惚れされて名古屋グランパスに入団したときは〝ブラジル流王様〟スタイルで生き生きとプレーした。恩師が解任されて日本人監督（中田仁司）が指揮を執ると「動かない」という理由で先発を外されたが、2006年にオランダ人のフェルホーセン監督が就任すると、居残りでサイドの動き方を特訓されて（ときにはサイドバックもやった）、より効率的なプレーを身につけた。同年11月にはオシム監督から日本代表に初招集されて、走ることのこだわりに大きな刺激を受けた。

そのスタイルがフェンロでは通用せず、2部落ちというどん底を味わったが、これをきっかけに意識改革を決意。ついに日本的エゴイズムの殻を打ち破り、自分で仕掛けるタイプのプレイヤーへと変貌したのだった。

本田からすれば、レアル戦で見せたプレーは、名古屋時代にやっていたことに戻しただけ、ということなのだろう。

あえてエンジンのギアでたとえるなら、名古屋初期の「ブラジル流王様スタイル」が1段ギア、名古屋後期の「シンプルなサッカー」が2段ギア、フェンロ時代の「点取り屋スタイル」が3段ギア、CSKA移籍後の「パワー系ゲームメイカー」が4段ギアとなる。レアル戦のプレーは4段ギアを使いつつ、ときに2段ギアに落としただけ、という感じだ。

本田はリハビリ期間中、「ケガはチャンス。さらに進化した姿を見せる」と宣言していた。こういうギアの使い分けは、考えを整理する時間ができたことで到達した新境地なのではないだろうか。

予想どおり、本田の考えには変化が生じていた。

「クリスチャーノがイニエスタ的にプレーする」という選択肢。

——昔のプレーはこちらが復習しなきゃいけないとして、今回のリハビリ中に取り組んだことも訊きたい。バルセロナで会ったときに、体がひとまわり大きくなったように感じた。どんな進化を目指したフィジカル強化だったのか。

「そっちが何を想像しているかわからないですけど、フィジカルはフィジカルとしてすべての面において向上させていく。そのテーマは何も変えてないのでね。それは今までどおり求めていく」

——フィジカルっていうと、ゴール前で相手を弾き飛ばすような能力をイメージする。たとえばドログバだったら相撲じゃないけど、どんどん相手のディフェンスラインを押し込んで、いつの間にかDFラインを下げてスペースを作る。ああいうフィジカルを目指しているのかなと思って。

「ああいうフィジカルを目指しているって言えば正解やし、ああいうプレースタイルを目指しているかと言ったらそれは不正解やし。メッシのプレースタイルで、ドログバの身体能力があれば、それはそれでOKなわけでしょ。使うか使わないかは、メッシが決めればいいわけですから」

——っていうことは、いいところをすべて身に付けようと。

「いやだから、これしかできないっていうプレースタイルではダメやっていうところを求めているわけ。クリスチャーノ（ロナウド）みたいな身体を持っていて、いかんなくそれを発揮するのもいいけど、それであえてイニエスタみたいなプレーをしてもおもしろいわけでしょ？それがフィジカルを求めてるからって、フィジカルを思う存分に発揮するプレースタイルを目指しているかといったら、それは不正解」

——なるほど。むちゃくちゃ欲張りというか。

「欲張りやね」

南アフリカW杯後に話をしたとき、本田は「自分みたいなシャビやイニエスタの方向性の選手が、あえてクリスチャーノの方向性を目指したらおもしろいでしょ？」と言っていた。おそらく、そのプロセスに区切りがついたのだろう。そこにまったく逆の「クリスチャーノがイニエスタ的にプレーする」という選択肢が加わったのだ。

現時点では、「点取り屋」としてはロナウドの域には達していないし、「受け手」としてもイニエスタほど正確ではない。もちろんドログバほどの「パワー」はない。だが、ギアを使いこなせるようになれば、そしてさらに5段目のギアを手に入れられれば、世界のどこにもない本田だけのオリジナルのスタイルが完成されるはずである。

レアルとの第1レグに続く2012年3月3日のゼニト戦と9日のディナモ戦では、まさにワンタッチパスとループパス「クリスチャーノがイニエスタ的にプレーする」というギアがうまく機能し、それぞれワンタッチパスとループパスから、から、2試合連続でアシストをあげた。

レアルとの第2レグは、ケガの状態が思わしくなく、ベンチ外になってしまった。だが、サンティアゴ・ベルナベウの最前列でロナウドやエジルら世界トップのアタッカーのプレーを目の当たりにし、自分が優るところ、まだ届かないところを再計測したに違いない。

プレースタイルにも、フィジカルにも、意識改革にも、サッカーにまつわるあらゆることに妥協しない男は、また次のステージに足を踏み入れようとしている。

9

《現代サッカーにおける創造性》

理想を求めずに合理性だけで、勝つ確率だけを求めているんじゃ、未来を感じない。おもしろみがない。

——2012年5月@モスクワ

バルセロナは芸術的に見えて、合理的。

もはや超人としか言いようがない。

本田圭佑は２０１１年９月に右ヒザ半月板の手術を受け、さらに２０１２年３月に左太腿を打撲し、完全復帰したのは４月下旬のことなのだ。試合勘が鈍っているだけでなく、体力的にも１００％には戻っているはずがなかった。

しかし２０１４年W杯に向けたアジア地区最終予選が始まると、本田はピッチで躍動する。オマーン戦で先制ボレーを叩き込み、ヨルダン戦ではハットトリック。オーストラリア戦ではショートコーナーから意表を突くドリブル突破で先制点をアシストした。

４ゴール２アシスト。とてもケガ明けとは思えない爆発である。

本田が「（右ヒザは）完璧には程遠い」と言うように手術の影響は間違いなくある。にもかかわらず、なぜ以前よりも進化した姿を見せられているのか？

最終予選が始まる約１カ月前――。

２０１２年５月８日、モスクワ郊外にあるＣＳＫＡの練習場を訪れると、本田がトレーナーと2人だけで汗を流していた。この日はロシアリーグのCSKA対クバンが予定されていたが、出場停止のためにチームから離れて練習していたのだ。

額から汗を滴らせながら、自主練を終えた本田が歩いてきた。「またNumberの企画で来た」と伝えると、本田は大きく息を吸い込んでから、冗談っぽく切り出した。

「Numberからお金もらいすぎでしょ（笑）。もっと幅広くやらんと」

練習場から道路を渡り、マシンガンを持つ門番が立つクラブハウスの入り口に進んだ。門番が何やらロシア語で「こいつは入っていいのか？」というようなことを投げかけてきたが、本田が手をあげてOKの合図を送る。

ただし、いっしょに敷地に入れたとしても、すぐにこちらの訊きたいことを質問できるほど、本田の取材は甘くない。今回もアポイントはないのだ。突然、予想もしていなかった問いを、本田はぶつけてきた。

テーマは仕事論だった。

「サッカー以外のことは書かへんの？　もっと儲かる他の仕事をするとか、いろいろあるでしょ。お金が安くても、サッカーがいいの？　それでもサッカーを書きたい？」

正直、なぜ自分が今の仕事に就いているのか、突き詰めて考えたことはなく、一瞬、頭が真っ白になった。ただ、とっさに頭に浮かんだのが、サッカーの取材のために、1年の3分の1を海外ですごしているということだ。自信を持って、こう言っていい気がした。

「そりゃあ、そうでしょ。じゃなきゃ、こんだけいろんなところを飛び回っていないから」

そう返すと、本田は目線を遠くにやりながら、軽くうなずいたように見えた。何かに納得するかのように。

いつもとはちょっと違う雰囲気の中で、取材がスタートした。

——今回訊きたいのは、現代サッカーにおける攻撃の創造性やスペクタクルについて。どんな印象を抱いている？

「どちらかというと〝芸術性〟は昔に比べて減ったよね。オレから見る近代のサッカーっていうのは。今は合理性を第一に考えるクラブが9割を占めているよね」

——たとえば？

「バルセロナも芸術的に見えて、あれほど合理的なものはないから。あれほど確率が高いサッカーをしているチームはない。それをみんな美しいサッカーと言っているけど、逆に言ったらベタなやり方。勝つ確率を1％でも上げるためにみんなで走って、できるだけディフェンスの時間を短くして、失った瞬間にプレスをかけて。ボール取ったら休憩してというね」

実はこのテーマで話を聞きたいと思ったのには、きっかけがある。

2012年3月、チャンピオンズリーグでレアル・マドリーと対戦したとき、本田はトップ下のメスト・エジルについてこんな感想を語っていた。

「エジルはレアルのなかで、明らかに異質な存在としてプレーしているよね。ひとりだけ違う絵、もっと先の絵を見ている。良くも悪くもクリスチャーノ（ロナウド）の個人の力が目立つけど、エジルはもっと先の芸術性みたいなものを見ているんじゃないかな。まだまだレアルでは、良さを生かし切れてない。ＣＳＫＡでのオレと同じだけど、もらいたいタイミングでパスが出てきてないから。エジル本人がどう思っているかわからないけれど、同じレフティとして、同じ違う絵を見られる者として、オレはそう感じた」

ファンタジスタといったありふれた言葉を使わず、〝芸術性〟と表現するところに本田らしい感性がにじみ出ている。

そして、この独特の感性にこそ、ケガをしても、なお進化を続けられる秘密が隠されていた。

モダンだけを追い求めても、おもしろくない。

――ひょっとしたら芸術性は、サッカーの未来像を示す鍵になるのでは？

「まあ、オレからしたら、今さら芸術性に注目するのは、考え方が古いけどね」

――ハハハ……。

「オレの考え方として、あえて貫いているところは古い部分であったりするし、と同時に、今後サッカー界が何を求めて、どういう方向に進んでいくかというのも取り入れる。古典的なものを残したうえで、モダンなサッカーを追い求めていくということ。だって、モダンなサッカーだけを追い求めても、サッカーがおもしろくない。それだったらサッカーを辞めた方がいいかなと思う」

――辞める……？

「自分の理想っていうのを絶対に貫きたいし、そこを貫けへんくなったら、もうそれこそ違う仕事をやって、サッカー以外のところで金を稼いだ方が、より合理性は高いかなと。こんなにね、あの……なに……（しばし無言）、半月板を手術して、ほぼ半月板がない状態で、もう1回ここから、どれだけ世界一に近づくかって、頑張ってて。理想を求めずに合理性だけで、勝つ確率だけを求めているんじゃ、未来を感じない。おもしろみがない」

正直、本田の言葉を聞きながら、全身から力が抜けるようなショックを感じた。

「ほぼ半月板がない」

それはサッカー選手にとって、あまりにも致命的な状態だからだ。

半月板は骨と骨の間にあるクッションの役割を果たすものだ。損傷によってささくれになった部位は手術によって削るしかなく、その削る量によって術後にどれだけ機能が回復するかに影響する。もし本当に「ほぼない」のであれば、事態は深刻だ。まだ人工半月板の実用化は進んでいない。

だが、不可逆なケガを負ったからこそ、到達できた境地があるのだろうか。現状と向き合い、新たな発想を持ったとき、エジルの中に次なる進化のヒントを見たに違いない。

理想と結果は絶対両方必要。

「まあ、あれやね。クリスチャーノはどちらかといったらパワーとスピードで振り切るタイプやけど、エジルはスピードだけじゃ無理なときが多いから。常に相手の逆をつくプレーをしているよね。そのへんはクリスチャーノみたいな豪快さはないかもしれへんけど。でも、相手をコケにするようなところに、人間としてのおもしろみを感じる」

ひと呼吸置くと、本田は今抱いている理想を語り始めた。

「自分のサッカーの哲学というのはすごくシンプルで、いくら頭の中では理想を追い求めても、勝たなアカンっていう厳しい考えを持っている自分もいる。その一方で、どんだけ勝っても、内容がないんじゃ、未来を感じへんと思っている。本当の意味で自分の名を世に残すためには、やっぱり結果と内容を残さないと。じゃないと、名がずっと刻まれへんかなっていうのは感じてて。理想と結果っていうのは、絶対に両方必要。どっちかだけっていうのはありえない」

――イメージする芸術性について、もっと嚙み砕いて教えてほしい。

「見る角度によるよね。たとえばバルサはあれだけクオリティーの高い選手がいて、もっとリスクを冒せる場面があるけど、冒さない。リスクをしょわへん選手が多いなっていう印象」

――どういうこと？

「バルサの試合を見ていたら、一番ボールを失ってるのはメッシやから。それ以外の選手はほとんど失わない。まあ、サイドの選手はたまにね。サンチェスとか失うけど。それでもそんなに強引には行かない。形としてメッシだけがリスクを取っていいっていう形態にバルサがなってるから。それはそれでいい」

――本田くんの中では、それだけじゃ満足できないというのがあるかもしれない。

「理想は追い求めたいからね。理想がなくなったらおしまいだから」

――理想というのはどういうところにある？

「それはまあ、形としてはひとつじゃないよね。バルサみたいにリスクを負わずにつないでいって決めることも理想のひとつやと思うし。だからそこも混合よ。相手に合わせるということかな」

――相手を欺いたり？

「そうそう。相手が嫌なことをして点を取れれば、それがひとつの理想かなと。自分の形っていうのを貫くのもひとつの理想やけど、やっぱり相手が攻めてきたんやったら、つなぐんじゃなくて、ワンツーで前に飛び出した方がいいし、相手が下がっているんやったら、どういうふうにシンプルに一本のパスで相手の裏を取るかとか。ボールを奪って、戻る前に攻めるとかね。とにかく相手が今されたら困る、っていうのを考える。そして常に新時代を求める。相手のチームが、前の試合と今日の試合と同じとは限らへんし、オレらに対して変えてくるかもしれへん。それを読んで、最新のモダンなサッカーをする。そこで自分たちの築いてきたものを発揮する。両面を出せれば、理想よね」

――極端に言えば、１秒１秒変わるサッカー。

「日本はどちらかというと、同じことをずっと貫くことを美徳として感じるけど、たとえばオレはね、ある日バルセロナがとんでもないカウンターばっかりを仕掛ける日があってもいいと思う。どうしたんや、っていうくらいに。でもまずないから。まずこれやなということを99％

するから。まあ、意外性はないよね。意外性としたら、メッシのリスクを負った個人技のみやね」

――そこにしか意外性がないと。

「そう。それ以外は計算できるよね。シャビとイニエスタはこうしてくれるみたいな」

負傷という不測の事態を逆に生かし、新たに築きあげた理想を一言で表せば、こうなるだろうか。

『すべての選択肢を持ち、相手を見てやり方を変えられるサッカー』

パワーだけに頼るわけでもなく、かといって裏ばかりを狙うわけでもない。とにかく相手を見て、ときに現実的に、ときに芸術的に、一番嫌がられるプレーを選択する。それが今回から日本代表で背番号4をつけたアタッカーの新旧混淆《こんこう》のスタイルなのではないだろうか。

この取材から約1カ月後のオマーン戦で、その片鱗が早くも現れた。

前半10分、ＤＦラインで今野泰幸がボールを持った瞬間、右サイド奥深くにいた本田が斜めにダッシュ。今野がロングパスを出すタイミングがワンテンポ遅れたため、相手ＤＦが反応して本田はヘディングするに留まったが、〝動き出し〟のタイミングは明らかに以前より速くなっていた。

ヨルダン戦の本田の1ゴール目も、遠藤保仁がボールを持つ直前から走り始めており、完全に相手の逆を取っていた。

今までのように、相手に体をぶつけてキープすることもできるが、それだけではヒザに負担がかかってしまう。だが、シンキングスピード（頭の回転）を速め、相手よりゼロコンマ1秒でも先に動き出せば、フリーになれる。また、バックステップやサイドステップを使って相手の背後にまわる動きも増えた。

こういう頭で描いたイメージを、体で自在に表現できることを、本田は「体と脳の連動」と呼んでいる。

もちろん、そういう動きを生かすには、まわりの協力も必要だ。

本田はオマーン戦後にこう言った。

「（受け手が）いるべき場所に、いるべきタイミングでいられるかどうか。（出し手が）そのタイミングで出せるか。そこで一歩遅れると、全体的にスピードが上がらず、ノッキングしてしまう」

とはいえ、瞬間的にマークを外して、そのタイミングでパスが来ないと感じるときがありながらも、最終予選3試合で4ゴール2アシストという結果を残したのだ。もしまわりとイメージがシンクロすれば、とんでもないことが起きるだろう。

オーストラリア戦後、本田は新たなスタイルへの手応えを口にした。

「半分くらいは試せたところもあったのかなって思う。残りの半分ができなかったっていうのは自分自身の問題でもあるし、まわりとの共有ができていないっていう部分もあったりする。そこは今後、解決できるんじゃないかなって思いました」

ヒザの半月板が再生することはなく、これからはヒザのまわりの筋力を鍛えてクッション代わりにしていくしかない。だが、そういうハンデを抱えながらも、進化を続けられることを、本田は今回のW杯予選で証明した。

理想をガソリンに、また世界一を目指す旅が始まった。

adidas
4

10

《それでも世界一を目指す覚悟》

下馬評どおり、案の定ブラジルに負けて。
なんか嬉しくなる気持ちわからへんかな？
簡単に勝てたら、この先
おもしろくなくなるやん、みたいな。

——2012年10月＠ポーランド⇒モスクワ

ブラジル戦完敗後の一言。

2012年10月16日、ポーランド・ウロツワフ空港。直前に終わった日本対ブラジル戦（0―4）の熱狂が、はるか昔であるかのように、搭乗ロビーは静けさに包まれていた。

試合後、本田圭佑らヨーロッパでプレーする選手たちは、そろって移動することになっていた。まず全員でミュンヘンに飛び、そこから各自の目的地へ向かう。筆者も偶然、同じ便に乗ることになった。

搭乗までの時間、ひとりでカフェに入り、ノートを見返しながら、あらためて先ほどピッチで起こったことを整理していた。そのとき、ふと気がつくと横に人の気配を感じる。

誰だろう……と思って顔をあげると、サングラスをかけたスーツ姿の本田が立っていた。

思わず「おぉ」と身をのけぞらせると、この日本代表のエースは唐突に、こう問いかけてきた。

「試合、おもしろかった？」

普通、負け試合のあとは、悔しさをにじませた第一声を発するものだろう。だが、本田はその逆だった。まるで完勝したかのように、「おもしろかったでしょ」と同意を求めてきたのである。

　この約2時間前、スタジアムのミックスゾーンにおいて、筆者は本田とこんなやり取りをしていた。

——ちょっといい？

「1、2問ね。負けたあとに、あんまり長く話すのは好きじゃないから」

——0対4というスコアは想定内だった？

「いや……想定外ですよ。まさか4点も取られるとは思ってなかったし。負けには変わりないけど、ここまで開くとは思ってなかった」

——今日の結果から課題は見えてきた？

「当然でしょ。とりあえずわかってることは、オレらよりブラジルの方が上やったってこと。でも、なんか嬉しくて。サッカーやってて、久しぶりに楽しい気持ちになれた。こんなに楽しい試合は久しぶりやなっていうのが、今日の感想かな」

——その感覚を、もう少し説明して。

「自分がサッカーをやり始めたきっかけもブラジルと無関係ではないし、その代表と初めて試合をできた。勝てたらそれはそれで偉そうにできて良かったかもしれへんけど。でも、下馬評どおり、案の定負けて。なんか嬉しくなる気持ちわからへんかな？」

——ワクワクするような？

「いや、なんて言うの。そんな簡単に勝てたら、この先おもしろくなくなるやん、みたいな」

――本田くんはずっとW杯で優勝すると言ってきた。その目標はブレてない？

「もちろん。当然でしょ。そもそも点差ほどの差はないと思ってますから」

負けたあとに、これほど生き生きとした表情をしている本田を見るのは初めてだった。このミックスゾーンの様子を考えれば、「おもしろかった？」という第一声はごく自然なのかもしれない。

搭乗ロビーのカフェの横に立つ本田に対して、「めちゃくちゃ、おもしろかったよ」と答えた。すると本田は満足そうにうなずき、ゆっくりと白いスーツケースを引きながら搭乗ゲートの方へ歩いていった。

まるで、これから道場破りにでも出かけるかのようなオーラを漂わせながら。


２０１２年10月中旬、日本代表はザッケローニ監督が就任して初となるヨーロッパ遠征へ旅立ち、サンドニでフランス代表と、ウロツワフでブラジル代表との親善試合を行なった。ザッケローニ監督が「引いて守るだけの戦いはしたくない」と意気込みを語ったように、日本代表の現在地を測る絶好のチャンスだ。

本田自身もこの2連戦をとても楽しみにしていた。ヨーロッパ遠征前、ＣＳＫＡモスクワの練習場でこう語った。

「自分の中でW杯優勝という目標への確信は、この2年間で確実にでかくなっている。ただ、アジア最終予選を戦っているだけではわからないものがある。フランスとブラジルとやることで新たな物差しができると思う」

アジアではわからない未知の強豪との遭遇。親善試合以上の価値が、そこにはあった。

そういう意味で、フランス戦は香川真司のゴールで1対0で勝利したものの、物足りない試合になった。本田が右足のケガのため出場できず、前線でボールをキープできなかったことも響き、フランスのスピードとパワーに圧倒されたからだ。

試合翌日、本田は記者団に対して「あの内容が最低ライン」と、防戦一方になったことに注文をつけた。

だが、日本は過ちを繰り返さなかった。

続くブラジル戦では、本田が1トップの位置に入り、チーム全体でリスクを冒し、自分たちの実力をさらけ出すことを恐れなかった。

相手に次々と得点を決められても、本田はゴールを狙い続け、ネイマールと同じ両チーム最多となる5本のシュートを放った。

「この先、こういう相手を負かすために、また頑張ることができる。明日からの練習が、また楽しみやなと思えるような試合でした」

TVカメラの前で語ったこの言葉は、決して負け惜しみではないだろう。どうやら本田は、相当大きな収穫を手にしたらしい。

いったいブラジル戦のピッチで何を見て、何を感じたのか？　それを知るためには、モスクワへ向かうしかない。

負けたのに、希望を感じた。

10月18日、ブラジル戦から2日後、CSKAの練習場に足を運ぶと、本田は移動の疲れもまったく感じさせず、パス回しで軽快な動きを見せていた。Aマッチに出場した選手は途中から別メニューになり、本田はセルビア代表のトシッチとともにランニングで汗を流した。

ピッチから出て来た本田に声をかけた。

「どうしても聞きたいことがあって、またモスクワに来た」

思わず本田の口元が緩む。苦笑いだ。実は9月下旬から計7回も、CSKAの練習場を訪れている。誰だって、苦笑いするだろう。

モスクワのダークグレーの曇り空の下、取材がスタートした。

――ブラジル戦は負けたのに、すごくおもしろかった。それは希望を感じられたからなのかなと思った。本田くんも感じた？

「希望を感じた。そんなの当たり前で、自分が過去に見た日本代表の試合に限られるけど、あれだけの内容でブラジルとやりあえるって今までなかったからね」

――ガチンコで挑んで、いい勝負をしていた。

「それがやっぱり楽しかった理由やし、それをやるためのフランスとブラジルとの試合やったから。まあ、フランス戦は出れへんくて残念やったけど」

ひと呼吸置いて、本田はフフフと笑いながら断言した。

「次はブラジルに勝つよ」

——実際にブラジルの力はどうだった？

「純粋にうまいと思ったよね。オレらよりベターだったのは間違いないし、そこを今の時期に再確認できたのが何より良かった。（日本サッカー）協会の取り組みには感謝してる」

——以前、バルセロナはパスが正確だけどリスクを負わず、やや無機質でつまらない部分があると言っていた。それに対して、ブラジルは有機的なうまさがあるように思った。

「さすがW杯の優勝回数が一番多い国やなっていうのは感じる。今までのブラジルに比べるとタレントって少ないと思うんですよね。ヨーロッパでやってる選手も少ない。それでも、うまかったから。うち（CSKA）の右サイドバックもブラジル人やけど、ブラジルの選手っていうのはサッカーがうまいよね」

——もう少し詳しく言うと？

「個性がそれぞれあって、その集合体というかね。それぞれ求めているものや、やりたいサッカーは違うのかもしれへんけど、でもみんな勝ちたいから、みんなで協力してる。そういうふうに見えた」

——なるほど。

「たとえば長友（佑都）が攻め上がると、フッキが頑張ってついて行って守備をしていたしね。

そこがブラジルの魅力。日本の出来がどうとかは関係なく、やっていてそこのすごさは実感したよね」

今、ヨーロッパのサッカー界において最強と言われるのは、クラブならバルセロナ、代表ならスペインだろう。狭いエリアでもショートパスを精密機械のように正確につなぎ、相手を圧倒して点を奪う。

だが、そういうサッカーに対して、本田はあまり魅力を感じていないらしい。2012年5月にこう語っていた。

「どちらかというと芸術性は昔に比べて減った。バルセロナも芸術的に見えて、あれほど合理的なものはない」

それに対して、南米最強国のひとつであるブラジルは、各選手の個性がにじみ出ており、まったく異なる方法論で攻撃サッカーにトライしていた。ネイマールを筆頭に、個の技術がずば抜けている。そこに本田は興味を惹かれたのだ。

そして、それは日本サッカーが目指すべき未来像のヒントにもなる。

みんなの分まで、オレが突き抜けたろうと思ってる。

——前にどこかで、「目標を明確にイメージできたら、それを実現する作業の半分は終わっている」と語っていたけど、今回のブラジル戦でも、そういう目標をイメージできた?

「そやね。まあ、どういう意味で半分って言ったかは覚えてないけど、残り半分は努力できるかどうかってところにかかってるから。自分が努力できるっていうのは、誰よりも知っている。だからイメージできたら、ほぼ成功。50％というよりも、それ以上だね」

――ブラジルはW杯の優勝候補だから、大きな物差しになったのでは？

「まあ、あまり訊かないで、楽しみにしておいてよ。次は勝つ言うてるんやから。それがすべてを表しているでしょ」

――でも、みんなが希望を見出しかけている中で、そのヒントをほしい。

「オレの中では、みんながどう思っているかというのは関係ないことだから。前にも『みんながW杯優勝というのを、信じ始めてきたのでは？』と訊かれたときに、『どっちでもいい』って答えたでしょ。基本的にW杯優勝について別にオレはなんにも言いたくないし。訊かれるから答えるけどね」

――ただ、ブラジル戦を見てひとつ思ったのが、全員がうまくならないと勝てないんじゃないかと。きっと本田くんはそのへんの呼びかけをチーム内で始めているよね？　たとえば長友選手のコメントが強気になってきた。

「そうなんだ。全員がそうならないとね」

――全員にそういうアプローチをするって、大変な作業なのでは？

「自分は監督じゃないしね。それでもやれることやらんと。でも、もしそれでもみんなが……。オレはみんなを信じるよ。信じてる前提で言うけど、もしそれでもみんなが成長できないのであれば、オレがみんなの分、成長すればいいなと思ってる」

――え？

「みんなの分まで、オレが突き抜けたろうと思ってる」

――そこまでの覚悟なんだ！

「当然、W杯までにみんなを成長させるための作業として、やれることをやりたい。コミュニケーションっていう意味でもね。集まっているときに、どれだけ会話できるかっていうことも含めて、やることはやる。けど、もしそれでみんなが自分が求めているところまで行けずに、成長できなかった場合、オレがそれを補うぐらいの、頼られる存在になればいいなと思ってる」

――発想がすごすぎる。

「それをやるには、個人技よ。完全な。戦術とか、パスワークとか、コンビネーションとか、そういうことの問題じゃないくらい、突き抜けなアカンと思ってる。ネイマールを見てもそう思ったし、ベンゼマを見てても思った。でもベンゼマくらいのレベルじゃアカン。だって彼のまわりには、身体能力の高いフランス人選手がいるし、リベリーもいる。でもオレのまわりには、当たり前だけど日本人選手がいる。日本だからこその良さがあるし、それに見合ったサッカーをする。南アフリカW杯でもそうやった。ただ、肝心なところでの個人技とか、絶対的なプレーというのは、今のオレにはないから。チームを救えるだけのね。結局チームありきでの、チームに助けられての、オレが点を取れるか、取れへんかっていうところにいるから。それだけじゃアカンというのを、今回気づかされた。あらためてね」

――なるほど。

「いや、わかってたけど、でもそれを直に体験することが必要やったから。フランス戦とブラジル戦っていうのは、そういう意味があったから。オレはフランス戦での戦い方はまったく納得していなくて。勝ったからOKということじゃないし、オレはブラジル戦の方が収穫がホントに大きかったと思う。フランス戦に出て勝った選手も、それを感じていると思う。感じないと逆にアカンと思っていて」

――繰り返しになるけど、そういう感覚を共有するのは簡単じゃないかもしれない。

「いやでも、みんな感じていると思う。オレ、それは信じてるし。やるからには優勝したいと思ってるはず。それを発言しないだけで、絶対に優勝したいって心の中で思ってるよ。ただ、まだみんなは半信半疑なところがあるとは思う。口に出して言ったら、プレッシャーもかかるやろうし。でも、そのプレッシャーはオレが背負うよ。オレは言い続けるし、そこはもう絶対に揺るぎないところやから」

――みんなの分のプレッシャーまでも背負うつもりとは……。

「オレはメンバーには信じてもらわんと困るし、その作業はやる。オレはみんながこの2戦で、気づいたと思ってる」

――そうであってほしいね。

「ただし、気づいただけじゃアカンし、イメージしないとアカン。繰り返しね。そこに到達するための逆算方程式で、何をしなきゃいけないかのトレーニングをプランニングして、それを実践する行動力が必要になってくる。そして、そのための行動が何よりも難しい作業になる。すべてのものを犠牲にして、すべての時間を犠牲にしてトレーニングに費やすことができるのか。食べたいものを我慢して、食べないといけないものを食べる勇気があるのかとか。ホント細かいこと。遊びたいのを我慢して、睡眠の時間に費やす。次のトレーニングに費やす。当たり前のことだけど、これは真面目でもなんでもなくて。別に自分のことを真面目やと思ったことはないし。あくまで勝利への執念というか。自分の目標のためには当たり前のこと」

——その先にW杯優勝がある？

「いや、別にW杯優勝がすべてじゃないけど、オレは自分が言ったことに責任を持っているし、言った以上は絶対にそれを成し遂げようと思ってるから」

2010年W杯前、当時はグループリーグ突破すらも厳しいと言われていたにもかかわらず、本田は「W杯優勝」を目標に掲げていた。それから約2年が経ち、まだ半信半疑とはいえ、もしかしたら優勝を目指してもいいのかもしれない、というムードが日本に生まれつつある。本田が自らの行動によって、世界の頂点との距離を着実に縮めているからだ。

本田の体内では、想像を絶した覚悟とともに、ブラジルW杯へのカウントダウンが始まっている。

11

《マイナス6度のモスクワにて》

未来のことなんていうのは
誰にもわからない中で、
信念だけが支えになる。

――2012年11月@モスクワ

本田圭佑にとっての破壊と創造。

２０１２年11月末、モスクワ。

気温マイナス6度——。

横殴りの雪の中、ガタガタと震えていると、クラブハウスから出て来た本田圭佑がふき出すように口元を緩めた。

「一番いいときに来たね」

この日、ロシアには20年ぶりの大寒波が訪れていた。突然の吹雪に大渋滞が発生し、モスクワ—サンクトペテルブルク間には約２００㎞の渋滞が発生したほどだ。

ＣＳＫＡの選手たちも渋滞に巻き込まれ、遅刻者が続出。ただし、本田はいつも自主練のために1時間以上前にクラブハウスに来ているので、まったく問題なかったそうだ。もちろんそこで何をやっているかはトップシークレットだが。

練習後、金髪に雪を積もらせた本田に声をかけた。言うまでもなく、今回もインタビューのアポイントはない。

「今回は何？　またＮｕｍｂｅｒ？　この前、来たばかりでしょ（笑）」

声のトーンから読み取ると、どうやら取材ＯＫのようだ。大寒波の混乱の中、練習場に来たことを、少しだけ考慮してくれた……に違いない。

雪の上をザクザクと歩きながら、２０１２年最後の直撃取材がスタートした。

——２０１３年は日本にとって、今までの価値観を壊して何か新しいことを創造する年になるような気がする。サッカーだけでなく、政治や経済の世界でも。本田圭佑にとっての破壊と創造のヒントを教えてほしい。

「えー、ヒントも何も、オレは正解を知らへんからさ」

——でも、プロの世界で成功モデルにとらわれる選手が多い中、本田くんは常に自分のやり方を壊し、新たなやり方を模索して創造している気がする。自分のやり方を変えることに不安はない？

「オレが変わろうとしているときっていうのは、なんでもポジティブにやるからさ。ネガティブな要素をどうやってかき消すかということに集中して、良いところだけを見ようとして前に進んでいかないと。未来のことなんていうのは誰にもわからない中で、信念だけが支えになる……でしょう？　必ずきっとうまくいくっていうことを信じて努力するわけなんで。あんまりその……今ここで不安があるとかどうかっていうことも、正直に告白するっていうこと自体が、自分の中にある弱さみたいなものを引き出す可能性があるし。そういうことはする必要がない」

――破壊するとき、不安は口に出さない方がいいと。

「まあ、変えると言っても、基本的に今までやってきたことの延長線上に今がある。自分にとって2013年も、その考えは大きく変わることはない。細かい要素のところでは、当然ながらトレーニングのやり方が変わった、っていうのはあるけどね。基本的には選手としての本田圭佑っていうのは、あくまでも人間としての本田圭佑に基づいて形成されているから、やり方が変わっても関係ない」

本田哲学においては、いくら変更しても、すべては1本の線の上にある――ということなのだろう。破壊というのは成功モデルを捨てることではなく、自らの土台に吸収することだと。

たとえば試合に向けたスイッチの入れ方の変化がそうだ。

2010年南アフリカW杯直前、本田は突然、試合2日前に一気に集中を高め、チームメイトすらも近づきがたい鬼気迫るオーラを放つようになった。それがW杯での2ゴールを生んだ。だが今は違う。緊張感がピリピリ尖っておらず、より柔らかいものになり、自然体に近い形になったのだ。

――試合前の雰囲気が変わったと思うけど？

「あえて変えたわけではないけどね」

――では、なぜ変わった？

「自分としては南アフリカW杯以前から、試合に向けて2日前くらいにスイッチを入れるやり方に変えようとしていた。でも、最初は意識しないとできないから、数カ月はその作業をかなり徹底した。でも、今はそこまで深く考えてやっていない。あえてスイッチを入れることも、切ることもしない。意識しないでも、自然にできるようになったから」

ＣＳＫＡの門番の横を通り、入り口のゲートをくぐった。本来、部外者は立ち入り禁止のエリアだが、本田が門番に声をかけてくれてから、とがめられなくなった（門番に日本からのお土産も渡すようになってからは、ほぼ顔パスに）。ときどき本田からは「ここまで入って来るんだから、ホント油断ならへんよな」と突っ込まれるが……。

本田の中には、3人の本田がいる。

ここで突然、本田が大胆な提案を切り出した。

「もう、あれちゃうの？　これ、年末年始のスペシャル企画やろ？　今まで取ったやつ（コメント）をまとめたら記事ができるんちゃうの？」

確かに、本田の言うとおりかもしれない。何せ２０１０年W杯以降、この〝本田直撃シリーズ〟は10回を超えているのだ。一冊の本にできるくらいの内容と言っていい。創造と破壊に関する考え方も、何度も出てきた。

本田は冗談まじりに続けた。

「今さらしゃべることもない……って、またしゃべっているんだけど（笑）、オレはオレなりにサービスしているつもりなんやけどね。これ以上どうサービスすりゃいいのっていう。基本的にオレの言っていることは、まわりにいる人は絶対わかっていると思うんやけど、哲学は首尾一貫しているからさ。取材に来たら、来た分だけ、同じことしか言わんのよね。基本的にね。それをユーモアを交えて、違う言い回しで話したりはするけれど、結局のところ何も変わらへんから。だから、重複しちゃうと思う。たとえば、ブラジル戦の直後に話したことと、2013年はどうしていきたいかっていうことは、コメントしたときに絶対重複するしね」

オレのベースとなっている哲学は、常にブレない。もっとその本質を見抜いて理解しろ。本田はそう言いたいのだ。

やや直撃シリーズの主旨からは離れるが、本田からの提案を受けて、少し〝本田論〟を掘り下げてみたい。あらためてこれまでの取材を再検証すると、こんな仮説に行き着いた。

本田の中には、3人の本田がいる——。

1人目は、「イメージの中で先を走る理想の本田」だ。

2010年W杯直後のこと。本田はCSKAでトップ下での出場を希望したが、スルツキ監督はボランチで出場させようとしていた。

そのことに関して、本田とこんなやりとりをしたのを強烈に覚えている。

——トップ下を任されないのは、まだ足りないところがあるからなのでは？

「当然、トップ下をやらせてもらえないのは、自分に足りない部分があるんだと思うんですよ。ただ、じゃあそれができるようになるまでは我慢してやる……というのは、また筋違いで。それとは別に、オレは他のところはやらねえよ、という感覚でいないと、いつまで経っても自分がイメージする『先を走る自分』に追いつかないと思うんですよね」

――先を走る自分？

「自分がイメージする自分というのは、だいぶ先を走っているんでね。それに追いつこうとするには、ちんたらやってられない。強引なことをしていかないと。それがオレにとっては監督への主張になる。まあ誰しも、理想とする自分に追いつけない自分がいるんじゃないかなと。逆に現実の自分が先に行っている人がいたら聞いてみたい。そんな人はどれだけ目標が低いねんって」

この1人目はいわば、完璧主義のクールな本田。世間が抱いているイメージは、最もこれが近いかもしれない。

あれから月日が経ち、本田はCSKAでトップ下のポジションを勝ち取った。だが、当然、すでに「理想の本田」ははるか前に進んでいる。CSKAより上のビッグクラブに移籍できてないという現状は、到底納得いくはずがない。

とはいえ、本田がネガティブな感情に支配されてしまうことはない。移籍について、極めて明るい展望を抱いていた。

「（長友）佑都がインテルに行って、（香川）真司がマンチェスター・ユナイテッドに行って、みんながポンポンってうまくいっている中で、自分はまだCSKAでしょ？　でも、そうやって各々が頑張った結果、プレーするステージが上がって、もしかしたらW杯優勝って言ってもいいんじゃないかっていう雰囲気が世の中にできてきた。自分からすると、整えてくれているなっていう。最後に自分がポンって行くための舞台をね」

あくまで理想と現在地のギャップは、自らを奮い立たせるカンフル剤にするのである。

次に2人目は、「まわりをサプライズで楽しませる本田」だ。

2012年10月にモスクワを訪れたとき、本田はこんなふうに自分の性格を分析していた。

「サプライズは自分の性格の一部。身近な人間であればあるほど、驚かすことにこだわっている。たとえば家族に対して、毎回サプライズを与えたりしているよ。父親にだったら、『自分の息子はこういう人格だ』って思っている上を常に行きたいって思っているし。『いつまで経っても読めへん』というのは、最高の褒め言葉。それにトライしているわけやから。慣れられたくない。飽きられそうだし。自分が生きている間は、ジャーナリストが追いかけてくる状態じゃないと（笑）」

まさにこちらは、はるか後方から追いかけている記者のひとりなわけだが、そんな意図を聞かされても、まったく嫌味に感じないのは、そういう謎めいたところに惹かれるからだろう。

「だから、全貌とか、オレが最近取り組んでいることっていうのはさ、引退してから聞いてほしいわけよ」

どうやら本田というのは、サービス精神に溢れた演出家にもなれるらしい。

3人目は、「計画的で緻密な本田」だ。

本田は意外にも読書家で、「小説は読まへん」ということだが、会うたびにいろいろな業界の知識を吸収していることに驚かされる。

最近、本田が取り組んでいたのは、金融の投資の専門知識をサッカーに当てはめることだった。

「日本人って投資というとお金のイメージが強くてあまりいいイメージを持ってないかもしれないけれど、誰しも投資に興味を持つべきだと思う。オレは選手として、自分自身に投資をしている。サッカースクールを始めたのもそうやし。木崎さんもそうやろ？　みんなもっと投資の知識を学んで、それを自分にあてはめていい」

以前、本田に出版界の業界話をしたとき、「書店や問屋を通して１００万部売るより、ネットで限定10万部にして売った方が著者は儲かるんちゃう？」と言われたことがあった。天性のビジネス感覚があるのだ。

3つの本田をまとめると、主演・監督・興行をひとりでやっているようなものだ。クールなのは表の顔だけで、その裏ではサービス精神に溢れた、頭の切れる心やさしいイタズラ小僧なのである。

人間・本田圭佑をプレーで表現したい。

ただし、こういう複数の顔があることに、本田は少しずつ違和感を抱き始めたのかもしれない。最近、本田はこう考え始めたというのだ。

ピッチ内と、ピッチ外の自分を一致させたい、と。

クラブハウスの入り口の階段に足をかけながら、本田は語り始めた。

「人間・本田圭佑を、どうやってプレーで表現するか。それが課題として出てきた」

――どういうこと？

「どうやって自分の生き様をプレーで表現しようかなって、思うところがあってね。あんまりサッカー選手はそこまで深く考えていないかもしれへんけど、オレは年々そう感じるようになった。1年間に50点を取るっていうことができなくても、1点1点増やしていって20点、30点を取れる選手になっていきたいっていうことはずっと言っている。それを目指したいという気持ちに変わりはない。でも、それと同時に、ピッチにいるオレが、オレの人間としての哲学・考え方っていうところとまったく違うんじゃあ……オレはね、サッカーをやっている意味がないかなって、年々思うようになってきて」

――そんなことを感じていたとは……。

「今までは、自分の中であんまり関係なかったから。サッカー選手と話すと、プレーと性格が全然違うやん！　っていう人がたくさんいるよね。でも、あくまで自分の考えだけど、それやったら自分はあかんと思ってる。それだとサッカーで頑張って、みんなにオレっていうものを伝えている意味がないかな、って思うところがあって」

――もう少し詳しく教えて。

「今まで自分の人間性を、プレーで伝えたいって、あんまり思っていなかった。プレーはプレー。サッカーはサッカー。オレはオレ、みたいな感じで別もんやって切り離していた。サッカーの本田圭佑と、オレは違うっていうね。ピッチにいたら真剣になるけど、普段はもうちょっとチャラけているとかさ、そういう選手もいるし。でも、そうじゃなくて、オレが人間としてこういう性格なんやったら、それをピッチにおいても表現したいと思うようになってきたという」

——仕事で自分を表現するというのは、もしかしたらすべての人に共通するテーマかもしれない。

「今後プレーを見ていて、本田圭佑っていうものをどんどん感じていってもらえたらなと思う。それがもしかしたら……自分の……それはまだ明かされへんけど、自分がどう思ってもらいたいかっていうところと、みんなの評価が一致したら本望やし。今後、2013年、2014年W杯が終わって、こういうふうに本田圭佑が変わったよねっていう評価と、オレが望んでいるものが同じであれば……。そうしたら、人間・本田圭佑を実際のプレーに近づけられたんやなって感じると思う」

取材を終えると、CSKAのフィジオセラピストがジャムを入れた紅茶を2つ運んできた。冷えきった体に、温かな甘みが染み渡っていく。隙を見てロシア代表MFのザゴエフが、本田にサインをもらいにきた。真っ白なボールに、本田がさっとペンを滑らせる。

CSKAの練習場ではシェパードが飼われており、その犬がお座りしているのを見つけると、本田はチュチュチュと舌を鳴らして手を差し伸べた。

モスクワの雪のせいか、この日の本田はいつも以上に愛嬌に溢れていた。

取材から約1週間後、本田は2012年最後の試合のピッチに立っていた。

当初は12月13〜15日に第20節が予定されていたが、ロシア代表のカペッロ監督が「寒すぎて選手がケガをする！」と猛抗議し、急遽20節は延期に。その結果、12月9日の19節のモルドビア戦がウィンターブレイク前の最後の試合になったのである。

申し訳ないことに、雪の中の取材後、本田は風邪をひいてしまった。発熱したのは取材直後ではなく、12月2日のアンジ戦後だったそうだが、外で立ち話をしたことが少なからず影響したのかもしれない。

しかし、やはり本田は常人とは違った。

まだ治っていないにもかかわらず、1日休んだだけで極寒の練習に復帰。モルドビア戦に強行出場すると、観客をあっと言わせるプレーを随所で披露した。

まずは極めて緻密に〝ごっつぁんゴール〟を決めた。

前半14分、本田はムサとのワンツーでゴール前に大胆に侵入。そのままザゴエフにパスを合わせた。ザゴエフのシュートはGKに阻まれたが、本田は軽やかにGKの前に現れ、こぼれ球をゴールマウスへ。今季、7点目となるゴールだった。

さらにサービス精神溢れるプレーで、勝ち越し点をアシストする。

後半26分、ザゴエフが右サイドからクロスをあげ、本田が中央に走り込んだ。以前であれば、強引にシュートを狙ったに違いない。だが、新・本田は違った。左足でクロスの軌道をわずかに変えて、左に走り込んだママエフへの絶好のパスとしたのだ。まるでピンボールのようなパス。ＤＦは誰も反応できず、ママエフは楽々と勝ち越し点を決めた。

本田はオランダのフェンロ時代に2部に降格したのをきっかけに、得点への執念を燃やしてここまで駆け上がってきた。

だが、どうやら本田はさらに上の絵を見始めているらしい。

10月のブラジル戦の0対4の敗戦後、本田は「戦術や組織を凌駕《りょうが》する突き抜けた個人技」を新たな目標として掲げた。普通、個人技と言うと、強引にドリブルで突破をしたり、スーパーなロングシュートを叩き込むといった〝剛〟の個人技を連想するだろう。本田の場合は、それも意識しつつ、さらに〝柔〟の個人技も磨いていこうとしているのではないだろうか。一発の創造的なパスで相手を翻弄するという――。

人間・本田圭佑とサッカー選手・本田圭佑が一致したとき、ピッチはサプライズと遊び心で包み込まれているに違いない。

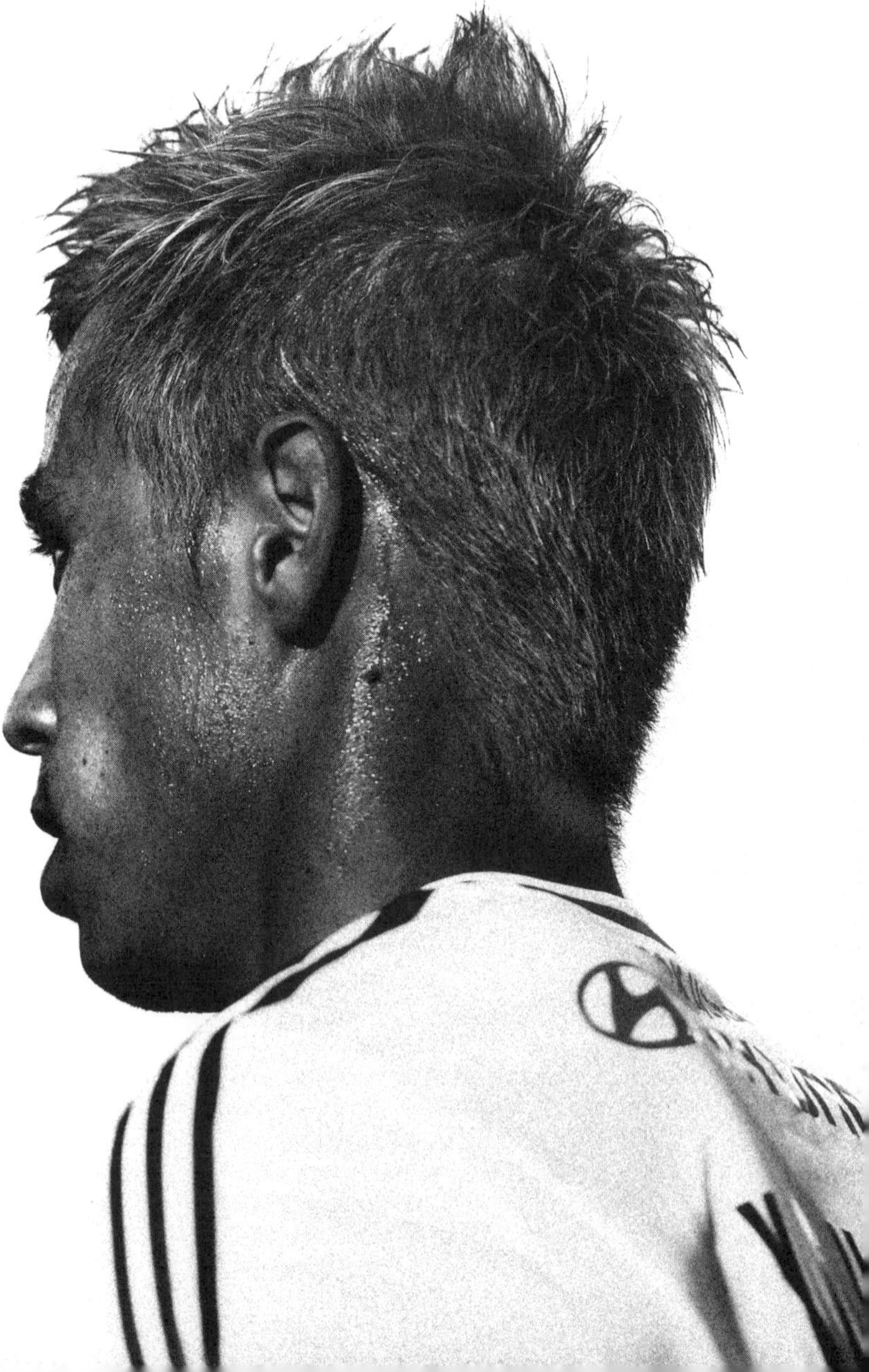

12

《追跡ルポ②》

本田圭佑不在、その真実を求めて。

――2013年3月@モスクワ

突然、姿を消した本田圭佑。

正直に言えば、今回の編集部からのオーダーばかりは、最初からギブアップしたい気分だった。

課せられたミッション。それは離脱中の本田圭佑に会って、W杯へ向けた日本の課題を聞くこと――。

ブラジルW杯出場決定がかかったヨルダン戦のタイミングで、本田の「W杯優勝計画」の進捗状況を探ることは、大きな意味があると思われた。

しかし、この約1カ月、本田はまるで神隠しにあったかのようだった。

2013年2月6日の日本対ラトビア戦では、いつものようにド派手な活躍をしていた。トップ下で先発してゴール。スポーツ紙の一面を飾った。そこからCSKAのスペイン合宿に合流し、2月11日に北欧のチームとの親善試合にフル出場した。ところが、その2日後の練習を最後に、姿を消したのである。

あまりにも突然の離脱だった。

だが、始める前から諦めたら、〝本田圭佑直撃シリーズ〟を担当する資格はないだろう。ときに怒られ、ときに呆れられ、バルセロナの病院まで押し掛けたこともあったのだ。

そう言えば、本田はよくこう口にしている。

「限界を作らずに常に前進しろ」

これはモスクワで本田に出会うまでの、約2週間のルポルタージュである。


本田を追ううえで、自分にはひとつだけアドバンテージがあった。偶然にも、離脱する直前の、最後の練習を取材していたのだ。

2月13日、スペインのラマンガ――。

バスから降りてきた本田に「今日からよろしく」と声をかけると、「フッ」と苦笑いされた。

本田の動きはいつものように力強く、シュートがバーに当たると「オォ！」と雄叫びをあげる。まるで野獣だ。

ただし、ひとつ気になったことがあった。ミニゲームが終わったとき、この強靭な男が両膝に手をついて下を向いていたのだ。

本田がベンチに座り、クエン酸入りのドリンクを口に含む。スパイクを脱ぎ、トレーニングシューズに履き替える……まさにそのときだった。

チームドクターが本田に歩み寄ると、英語の通訳を介して真剣に説明し始めた。

最初の一言が、こちらの耳にも飛び込んでくる。

「アナライズのインフォメーションだ」

分析結果？　いったい何の？　さらに聞き耳を立てようと身を乗り出すと、ドクターがこちらの存在に気がついた。「あっちに行け」と遠くに離れるように促された。

そして、予想外のことが起きる。説明が終わると、本田はすぐさま用意されたバンに乗り込み、チームメイトより先に帰ってしまったのである。

いったい、どこに行ったのか？

広報が口にしたのは、聞き慣れた土地の名前だった。

「本田はバルセロナに行った。しばらく合宿には戻って来ない」

――離脱の理由は？

「1月中旬からの1次合宿で、彼が体調不良で試合を休んだのを覚えているだろ？　今回はその病気を100％治すために、チームから離れて休養することになったんだ」

実は本田はスペインのカンポアモールで行なわれた1次合宿で、体調不良（インフルエンザと報道された）のために親善試合を欠場していた。そこから復帰し、日本代表のラトビア戦にも出場していたのだが、何かしらの症状が続いていたのかもしれない。

ただ、バルセロナと言えば、2011年に本田が右膝の半月板を痛めたとき、手術とリハビリを行なった場所だ。どうしてもケガの方を思い浮かべてしまう。

――なぜ休養がバルセロナなんでしょう。実はケガの治療なのでは？

「断言するが、ケガではない。あくまでコンディションを100％に戻すのが目的だ。深刻な問題ではなく、小さな問題。特別なオフのようなものだと思ってもらっていい」

広報が嘘をつくとは思えないが、どうも歯切れが悪い。

案の定、ここから報道が迷走する。

日本では「ケガ」、ロシアでは「体調不良」と、離脱の理由がまっぷたつに割れたのだ。

日本のスポーツ紙は「バルセロナに行ったのは、右膝の定期検診のため」と報じた。2月23日にはそれを裏付けるように、本田が自分の公式HPで、親善試合を欠場した理由は「膝のチェックと古傷である足首の痛みのため」と語った。

一方、ロシアのメディアでは、「体調不良」が報じられ続ける。

3月5日、ロシアのスポーツWEBサイト『sportbox.ru』のインタビューで、CSKAのスルツキ監督はこう語った。

「本田は感染症にかかり、その後、合併症になった。そのためバルセロナで治療している。いつ復帰できるかはわからない」

ケガなのか？　体調不良なのか？

ロシアへの出発前、かつてないほどに情報が錯綜していた。

一か八か、本田行きつけのレストランへ。

モスクワ取材の1日目。

3月17日、CSKA対クラスノダールの試合を訪れた。当然本田はいないが、別の目的があったからだ。

チームドクターに話を聞きたい――。

ミックスゾーンで待っていると、チームドクターが現れた。知人のロシア人に通訳をお願いして、質問をぶつけた。

「本田の状態について、コメントすることはできない」

医者として、当然の答えだ。だが、彼は「一言だけ」と付け加えて、小声でこうささやいた。

「воспаление（炎症）」

合併症という症状に、炎症というキーワードを掛け合わせれば……自ずと肺炎という結論に達したくなる。

しかし、もうひとりのドクターに、一か八か「肺炎か？」と質問してみると、あっさり切り捨てられた。

「おまえは、気が狂ったのか？」

結局、ドクターへの取材では、何ひとつわからなかった。

翌日から、足を使った泥臭い、本田探しの取材が始まった。

まずはＣＳＫＡの練習場に行ってみた。だが、門番からあっさり「本田は来てないぞ」と言われ、空振りに。門番によると、しばらく練習場に来てないらしい。

もしかしたら他の場所で個人メニューをこなしている可能性もあると思い、次の日はＣＳＫＡアカデミーの室内練習場へ行ってみたが、やはり本田はいない。

ＣＳＫＡのロシア人選手を知っている人に、居場所を訊いてもらったが、「選手も知らない」ということだった。チームメイトですら知らされてないのなら、はっきり言って打つ手はない……。

だが、禁じ手とも言える方法が、ひとつだけあった。それは本田の行きつけのレストランに足を運んでみる、ということである。

これまでは練習場で会えるため、逆に行きつけのレストランは避けていた。プライベートな空間を侵したくなかったからだ。

しかし、もはや残された可能性は、それしかない。最後の望みをかけて、そのレストランに足を運んでみた。

分厚い木製のドアを開けて店内に入ると、エスニックな空間が広がっていた。ソファーと水パイプがあり、ロシア人のカップルがゆっくりすごしている。

約２０００円の定食を頼み、「最近、ケイスケ・ホンダは来た？」と、ロシア語の会話帳を使って店員に訊いてみた。

「来たよ」と店員。「いつ？」と切り返すと、親切なことに伝票を遡って調べてくれた。

「４日前だわ！」

やはりこのレストランの常連なのだ。外気がマイナス10度を下回る極寒の中、外出できるほどの体調であることはわかった。何も手がかりがなかっただけに、そんな小さな情報だけでも嬉しかった。何せチームの人間ですら、本田の姿を見てないのだ。

「ホンダが来るよ！」

肉料理に舌鼓を打ち、支払いを済ませた。名残惜しいが、上着をはおり、店の分厚い木製のドアを押して外に出ようとした……まさにその瞬間だった。

店の電話が鳴った。

受話器を取った店員の表情に緊張感が走る。そして、すぐさまこちらを見て、口パクとジェスチャーでこう言った。

「ホンダが来るよ！」

約30分後、本田が個人トレーナーとともに現れた。

黒いコートに、黒いニット帽をかぶり、少し店内を見回して、カーテンで仕切られた個室に滑り込む。

タイミングを見て、カーテンを持ち上げた。

「こんなところまで来て申し訳ない！」

さすがの本田も驚いたようで、目を見開いてこちらを見た。

本田がフフと笑いながら言った。

「いつ来たの？」

表情は明るい。プライベートな空間で声をかけたら怒られるかも……と思ったが、いつも練習場で会うのと変わらないドンと構えた本田だった。企画の主旨や、こちらがいろいろまわっても会えなかったことを説明すると、「ほう、ほう」と本田はうなずいた。

ただ同時に、ひとつ気がついたことがあった。体調不良という先入観があるからなのか、少しだけ息苦しそうに見えたのだ。

「バトゥーチンキ（ＣＳＫＡの練習場）には行ってる？」と訊くと、本田は息を吸い込んでから答えた。

「ちょこ、ちょこね」

勝手ながら、あまり行ってない、という意味だと解釈した。これも先入観のせいかもしれないが、とても取材をしていい状態ではない。

それでも念のため「ひとつだけ質問してもいい？」と訊くと、本田は背もたれに身を任せて、しばし考えてから言った。

「次にしとこか」

時間にして、約１分。やりとりに応じてくれたことに礼を言い、「じゃあまたバトゥーチンキで」と伝えてカーテンの外に出た。

ジャーナリストであれば、もっと突っ込んだ質問をすべきだったかもしれない。離脱の本当の理由を訊いておけばよかったという思いも、正直に言えばある。だが、相手は病人かもしれないのだ。記者の前に人として、それはやるべきではないと感じた。

店を出ると、暗闇の中を粉雪が舞っていた。

この取材の5日後、某局のTVクルーから興奮した声で電話がかかってきた。

「本田が帰国しますよ！　うちの人間が、偶然モスクワから同じ便に乗り合わせました」

情報は正しかった。本田はヨルダン戦のキックオフの約11時間前、成田空港に現れた。事務所によると「左足首の検査と療養」が目的で、約1週間滞在するという。

この報道を受けて、スルツキ監督に練習場で話を聞くと、この41歳の指揮官はついに具体的な症状について明かした。

「本田は風邪をひいてそれがなかなか治らず、そうしたら腸の状態が良くないことがわかった。理由を突き止めるために、本人の希望で日本で検査と治療を受けることになった。復帰の時期は、日本の医師に聞いてほしい」

3月26日のヨルダン戦は、本田の不在の大きさを感じさせる試合となった。

代わりにトップ下に入った香川は、後半にゴールを決め、他にもチャンスを作る場面があった。だが、ザッケローニ監督は本田を中心にチームを作ってきたため、どうしても選手どうしの距離感が〝体をぶつけられてもボールをキープできる〟本田仕様になっていた。

本田は近くに選手がいなくても、パワーと技術でボールを持ち、まわりが攻め上がる時間を作り出せる。それに対して、香川はショートパスの交換で密集から抜け出すタイプだ。まわりの選手が本田の距離感のままだと、無難なプレーに終始してしまう。

同じようにロシアでも、本田の不在が惜しまれている。元ロシア代表でガンバ大阪でもプレーしたツベイバは言う。

「本田は自分が見た中で、最もインテリジェンスがある選手のひとりだ。いつでもアイデア溢れるプレーができる。ロシアにおける日本人のイメージを上げてくれたことに心から感謝したい。3月に再開したリーグ戦で、まだ彼のプレーを見られないのは本当に残念だ」

スルツキ監督も、絶対的なエースの復帰を願っている。

「本田は欠かせない重要な選手。1日も早く戻ってきてほしい」

ひとつはっきり言えることがある。

ケガだろうが、体調不良だろうが、離脱の理由は重要ではないということだ。最も重要なのは、本田が100%の体調に戻り、再びピッチに立つことである。

6月にはW杯予選の2連戦が控えている。今回のアジア予選で日本が敗れた試合を振り返ると、アウェーの北朝鮮戦、ホームのウズベキスタン戦、今回のヨルダン戦と、すべて本田が欠場したときだった。

やはり日本には、この男が必要だ。

たとえ未知の敵と戦うことになっても、本田の志はブレないだろう。これまでどんな苦境に陥っても、不屈のメンタルで壁を叩き壊してきたのだから。

6月、きっとピッチに、背番号4の姿があるはずだ。

13

《雄弁なる沈黙》

オレのコメントなしの記事、楽しみにしてるよ。

――2013年5月@モスクワ

〝不法侵入〟に対する一発レッド。

ＣＳＫＡの6シーズンぶりのリーグ優勝が決まった瞬間、本田圭佑はすっと席を立ち上がると、口元を少しだけ緩め、小さく拍手した。

義務づけられた仕事を完遂したエージェントが、ささやかに喜ぶかのように。

２０１３年5月18日、優勝決定がかかった大一番のクバン戦において、本田は右太腿の負傷のためにベンチ外となってしまった。常にフル出場を求める男としては、実にもどかしかったに違いない。

しかし、シーズンのスタートダッシュに失敗したＣＳＫＡが、4節から6連勝して完全復活したのは、トップ下の本田が攻撃に多彩な変化を与えたからだった。たとえ優勝決定のピッチにいなかったとしても、その貢献度が色あせることはない。

本田は最上階のＶＩＰ席から下りると、他の選手より遅れてベンチに顔を出した。ただし、黒いシャツに白い短パンという普段着で芝生の上に立つのは、美学に反したのかもしれない。チームドクターとハグをかわしただけで、すぐにロッカールームに姿を消した。大はしゃぎのチームメイトと比べて、あまりにもクールな振る舞いだ。

だが、そのポーカーフェイスも、スタジアムの内側までだった。用意したバンに乗り込むため、本田が裏口から出て来た。目ざといファンが見つけ、あっという間に人垣ができる。

「チャンピオン、ホンダ！　チャンピオン、ホンダ！」

大合唱が沸き起こり、ファンが本田の肩や背中をバンバン叩き始めた。場が興奮状態に陥り、一歩間違えれば暴動になりかねない。

なのに、本田は笑っていた。

その混乱こそ、優勝の雰囲気であると言わんばかりに。

本田が手を振りながら、バンに乗り込んだ。車が動き出すと、まわりから一斉に拍手が起こった。

本田のキャリアの歴史に、そしてファンの記憶に、3年半のロシア挑戦の結晶となるタイルが刻まれた瞬間だった。

リーグ優勝が決まる13日前――。

ＣＳＫＡの練習場に到着すると、本田が個人トレーナーと楽しそうにボールを蹴っていた。ちょっとした遊びのパス交換の中にも、実験のニオイがプンプン漂っている。身を沈め、わずかに動き出しながらパスを受け、そのまま好きな方向に滑らかにドリブルしていく。「止める・反転・運ぶ」という3つの動作を、同時にやる感じだ。バルセロナのシャビが試合前にやるウォーミングアップによく似ていた。

約90分間のチーム練習が終わり、ドリンクを口に含みながら、本田がゆっくりと歩いて来た。ふき出した汗が、日焼けした顔をなでるように落ちるのが見えた。

練習場とクラブハウスの間には、1本の公道が通っている。

「またNumberの企画で来たから」

いつものように横を歩きながら、取材の主旨を説明した。ロシアリーグが佳境に入り、CSKAは優勝まであと一歩のところまできた。その大一番において、本田は期待と重圧をどうコントロールしているのか。そんなことを投げかけながら、クラブハウスの敷地に足を踏み入れようとした……まさにその瞬間だった。

本田が予想外の一言を発した。

「ここから入ったらアカンで」

クラブハウスの敷地の入り口には門番が立っており、関係者以外は立ち入り禁止だ。もちろん記者は入ってはいけない。それでも話を聞きたいという思いが先走り、ときに門番から怒鳴られ、ときに本田に呆れられながら、図々しく中に侵入してきた。だからこそ、まとまった直撃取材ができていたのだ。

だが、ついにその〝不法侵入〟を、本田から咎められたのである。

イエローなしの一発レッド。

「わ、わかった……」

本田の背中が、いつも以上に分厚く見えた。

〝創造的自己犠牲〟というインパクト。

今回、嫌な予感は最初からあった。

この約2カ月間、あらゆるメディアから、本田の〝声〟が消えていたからだ。２０１３年3月下旬にコンディションを上げるために帰国したときも、練習の撮影は許されたがコメントは一切残さなかった。モスクワへ出発する成田空港でも一言も発さず。ここまで本田が口を閉ざすのは、２０１０年南アフリカW杯以来だ。

本田の心の根っこには大阪人気質があり、質問を投げかけられると、おもしろいことを言おうとする美学がポロッと出るときがある。だが今回は、そういう柔のホンダを封じ込めるべく、剛のホンダでバリアを張っている感じだった。

これまでの取材方法が通じなくなり、もはや成功体験にしがみつくことはできなくなった。横を歩きながら、粘って、粘って、問い続けるやり方はもう認められない。

車を止めて話を聞く方法も、２０１２年10月の段階で「今後、車ではやらないから」と言われていた。

そういえば、本田が原案参加している漫画『ファンタジスタ ステラ』の中で、〝登場人物の本田圭佑〟はこう言っていた。

ない。

「慣れるなよ」

この本田直撃シリーズは13回目にして、完全に振り出しに戻ってしまった。だが、このエンターテインメントの塊のような男が、そう簡単に取材者を退屈させるわけがない。

言葉よりはるかにインパクトのあるものを、本田はピッチに用意していたのだ。

5月7日のロシアカップ準決勝、アウェーのロストフ戦において、本田はこれまでの価値観を破壊するかのようなプレーを見せた。

創造的自己犠牲、とともに。

サッカーにおいて「効率性」と「献身性」は、両立させるのが難しい概念だ。DFラインの裏に走ってパスが出てこなければ、ただのムダ走りになる。だが、それによって相手を引きつければ、味方にスペースが生まれるかもしれない。自分の体力を温存するために、効率的にプレーするのか。それとも体力の消耗を恐れず、献身的にプレーするのか。この二者択一に絶対的な正解はない。

これまでの本田はどちらかと言えば、効率を重視し、献身的な動きは少ない選手だった。ムダな体力は使わず、頭を使いながらいい意味で楽をする芸術家肌だった。

しかし、ロストフ戦において、本田は別人であるかのように献身的に動き続けた。

たとえばDFラインの選手が前を向いてボールを持った瞬間、ほぼ必ず、本田は相手の裏のスペースへ走り込みを開始していた。

この日の本田のポジションは右ＭＦだったこともあり、まるで日本代表における岡崎慎司を見ているようだった。

ただし岡崎との違いは、泥臭さはほぼなく、動きが洗練されていることである。

特にサイドでボールを受ける前のフェイクは鮮やかだった。ボランチの選手がボールを持つと、本田は前に2、3歩ダッシュするフリをして急ストップし、相手のマークを剝がしてフリーになった。このちょっとしたフェイントによって、本田は何度も前を向いてパスを受けた。

また、守備の意識も高い。味方がボールを失うと、本田はすぐさま反転し、自陣にダッシュで戻った。

うまい選手が自己犠牲を厭わず、創造的に走る——。こんなに〝モダンな本田圭佑〟を見るのは初めてだ。

今季のチャンピオンズリーグでは、バイエルンのリベリーやロッベンら個人主義者の芸術家たちが、献身的な守備をしたことが話題になった。実際、そのハードワークがバイエルンの決勝進出の鍵になった。

彼らは昨季、ＣＬ決勝をホームで戦いながら、ＰＫ戦の末に敗れるという挫折を味わった。その経験が、自己改革のエネルギーになったのだ。

本田の場合、一発勝負のカップ戦の重圧が、スイッチを押したのかもしれない。2カ月以上の離脱時に、新たなヒントを得たのだろうか。とにかく〝何か〟が変わったことは間違いない。

試合はＣＳＫＡが延長に2点を決めて勝利した。背番号7は１２０分間ピッチに立ち、チームの頭脳、そして心臓であり続けた。

少し考えた後、口にした一言。

翌々日、オフ明けの練習場には、激戦を制して決勝に進出したこともあって、穏やかな空気が流れていた。

本田は先発組の選手たちとともに、軽いランニングとストレッチだけで切り上げた。それを見たサブ組のドゥンビアが、シュート練習をしながら日本語で叫んだ。

「ホンダ、もう終わり？　早いじゃん」

本田は苦笑いし、睨みつけながら声を出した。

「関係ないやろ。それより練習を全力でやれ！」

ようやくモスクワにも春が訪れ、空からはぬくもりのある光が差し込んでいた。

話を聞くチャンスかもしれない——。

練習場から道路に出てきた本田に「距離も短いからひとつだけ」と切り出し、一気に持論をぶつけた。

「タイトル争いには重圧がかかる。けれど、そういうときだからこそ、自分も想像しなかったような進化が起こることがあるんじゃないか？」

本田は無言だった。

だが、小さくうなずいた。

すかさず「ロストフ戦では、それだけのプレーをしていたんじゃない？」と畳み掛けた。

すると本田がついに口を開き、「うん」と同意した。柔らかいホンダが出ようとしている。

「何とか、一言だけでも！」

本田の口元が緩む。

「えぇ、一言!?」

少し考え、本田は本当に一言だけ口にした。

「今、しゃべる時期ではないんでね」

優勝争いの大一番の時期は、話すときではない——きっとそういうことだ。南アフリカW杯で口を閉ざしたのと同じように。

その3日後、リーグのロコモティフ戦、本田は右太腿に黒いテーピングをして強行出場した。

ロシアカップ準決勝の疲労が抜けていなかったのだろう。いつも以上に、効率的にプレーすることに徹していた。それでも要所では爆発力を発揮し、前半43分、ゴール前で鋭く切り返して右足でシュートを放ち、そのこぼれ球をラブが決めた。

ハーフタイムに本田は交代を申し出たが、すでに3対0とリードをひろげて試合は決していた。優勝争いの大一番で、大きな役割を果たした代償は小さくなく、翌週、本田は別メニュー調整が続き、練習場のピッチに出てくることはなかった。

だが本田は、またしても取材者を飽きさせないサプライズを用意していた。

別メニュー3日目、クラブハウスの奥で、本田が車に乗り込むのが見えた。ベージュの短パンに黒いTシャツを合わせ、白いビーチサンダルを履いている。そしてサングラスと革のセカンドバッグ。リラックスしたスタイルだ。

ゲートから出て来た車に、軽く会釈した。

すると、車が目の前で止まり、ウィンドウがゆっくりと下りた。

サングラスをかけた本田が、笑いを我慢しながら言った。

「オレのコメントなしの記事、楽しみにしてるよ」

2013年6月4日のオーストラリア戦から始まるW杯予選の2連戦、そして続くコンフェデレーションズカップでも、この男に振り回されることになりそうだ。

14

《ブラジルW杯出場決定》

人間って、気が緩んでいないと自分では思っていても、気が緩んでいるものだと思う。どうやって引き締めるかといったら、くどいほど自問自答するしかない。

――2013年6月@埼玉

真ん中に蹴って取られたら、しゃーない。

6万人の目の前で、W杯出場が決まるPKを蹴るのは、どんな強心臓の人間であっても堪《こら》え難い重圧を感じるだろう。もし外せば、すべての敗因を背負うことになる。サッカーの歴史において、バッジョも、ベッカムも、PKの犠牲者となった。

だが、24時間〝非日常〟を生きる男にとっては、スタジアムを包み込む観客の不安も、肌を切り裂くプレッシャーも、すべては見慣れた風景の一部だったのかもしれない。

本田圭佑は両肩をストンと落として力を抜き、目をつぶりながら息を深く吐き出すと、左足を振り抜いてど真ん中にボールを突き刺した。日本サッカーの未来に、新たな理想像を示すかのように。

ピッチでマイクを向けられると、本田は観客の反応を楽しむかのように言った。

「真ん中に蹴って取られたら、しゃーないなというぐらいの気持ちで蹴りました」

失う物がとてつもなく大きい状況で、まるで親善試合でもあるかのように大胆に振る舞うことができる――。恐るべきメンタルの強さだ。

この剛胆《ごうたん》さはどこから生みだされるのか？

その謎を解く鍵は、日常の過ごし方にある。

２０１０年の南アフリカW杯後、本田がこんなことを言っていたのを覚えている。

「家にいるときが勝負。１時間でも、30分でも、ひとりの時間を作らないといけない。繰り返し試合をイメージして、それが頭の中に出てくるようにするんです」

洗脳――。本田はこの作業をそう呼ぶ。本番をイメージして、イメージして、それがリアルな像を結ぶまで何度もシミュレーションし続けるのだ。

のちに聞いたところによると、ＣＳＫＡの練習場でＦＫやＰＫを蹴るときも、まわりにある森が、〝6万人の観客〟であると想像するそうだ。「どれだけリアルに大舞台の重圧をイメージできるかが、練習における成長度を決定づける」。居残り練習さえも、W杯と同じテンションで取り組んでいるのである。

普段の生活において、常に目標を深層心理に刷り込むのも習慣のひとつだ。

本田はオランダでも、ロシアでも、自分が暮らす部屋の壁に、その時点における目標を紙に書いて貼り付け、24時間意識するようにしてきた。目標と言っても、途方にくれるような大げさなものではない。１００％の努力をすれば、手が届きそうなものだ。その紙が貼り替えられるたびに、本田は新たな武器を手にする。

「オレの中では、勝負の前に、だいたい勝負は決まっている」

オーストラリア戦でＰＫを蹴る直前にも、ＧＫのシュウォーツァーが動く映像が脳内で見えていたに違いない。

そもそもこの男が普通でないのは、時の流れをもコントロールしようとしていることだ。本田が両腕に時計をはめているのは有名な話だ。左右のバランスを取る、ファッションスタイルのひとつなど、いろいろな説がある。

だが、先日ロシアへ取材に行ったとき、初めてその秘密を垣間見た気がした。カメラマンが撮影した写真に写っていた本田の腕時計の時刻が、左と右で違っていたのである。

左手はロシア時間。

右手は日本時間、だった。

常に両方の時の流れに身を置いているからこそ、試合前日の朝に帰国するという強行日程にもかかわらず、W杯予選の大一番で結果を出すことができたのだろう。

チームメイトへの注文。

もちろん本田にも弱さはある。

南アフリカW杯後にこうも言っていた。

「オレがメディアにしゃべるときは、自分に話しているということがほとんどやから。あとは公言的なところがあって、『言っちゃったよ』みたいな。自分は弱いからさ。当たり前だけど、人間やから」

本田はあえて公言することで、日常を非日常へと昇華させているのである。

オーストラリア戦の3日前、モスクワでの記者会見で発した言葉も、自分自身に向けたものだったのだろう。

「人間って、気が緩んでいないと自分では思っていても、気が緩んでいるものだと思うんです。それをどうやって引き締めるかといったら、もうくどいほど、自問自答するしかないと思っているんですね。大丈夫かと。準備はちゃんとできているかと。くどいほどやれるかどうかが僕はキーポイントだと思っている」

大きなことを口にするほど、結果が出なかったときの風当たりは強くなる。リスクマネージメントを考えたら、黙っている方が明らかに得だ。だが、本田の辞書に、無難や安定という文字はない。常に前進を恐れず、最上級の結果を求めるために、利用できるものはすべて使う。

そしてコンフェデレーションズカップを控えた今、本田はチームメイトすらも自らの世界に引きずり込もうとしている。W杯出場決定記者会見で、今後の課題についてこう言い放った。

「シンプルに言えば個だと思います。個というのは、昨日GKの川島（永嗣）選手がしっかりと1対1で守ったところをさらに高めて、今野（泰幸）選手がケーヒルに競り勝ったところをさらに勝てるように磨く、（長友）佑都と（香川）真司がサイドで個人で突破したようなところの精度をさらに高めてブラジル相手でもできるようにする。ボランチの2人がどんなにプレッシャーが来ても必ず攻撃陣にパスを供給できるように、さらに守備ではしっかりコンパクトに保ちながらボール奪取を90分間続けられるようにする。岡崎（慎司）選手や前田（遼一）選手が決めるところをしっかり決める。結局のところ最後は個です」

そしてミックスゾーンでこう締めくくった。

「コンフェデはテストじゃないんでね。勝ちにいく。それは揺るがないです。超強気でいきます」

残り1年間、本田は自分自身だけでなく、日本サッカーに関わるすべての人間の日々を非日常にするつもりなのかもしれない。

W杯優勝という途方もない目標を達成するために。

15

《コンフェデ杯3戦全敗後の告白》

自信の差がそのまんまイコール格になる。負けられないというプライドが、相手を打ち負かす力になる。

――2013年6月@ブラジル

自分のキャパをもう一度根本的に見直します。

試合終了のホイッスルが鳴った瞬間、本田圭佑は空を仰いで数歩踏み出し、両膝に手をついた。崩れ落ちる心を支えるかのように。

2013年6月22日、ベロオリゾンテ。日本はメキシコに1―2で敗れ、3戦全敗（1戦目vs.ブラジル0―3／2戦目vs.イタリア3―4）という最悪の結果でブラジルの地から去ることが決まった。「コンフェデで優勝する」と宣言していた本田にとって、受け入れがたい屈辱である。

だが、本田はいつまでも失望に浸っているタイプの人間ではない。すぐに前への一歩を踏み出す生粋《きっすい》の冒険家だ。たとえそれが強がりだとしても。

ミックスゾーンに、本田は悠然と現れた。むしろいつもより、堂々と。

本田に手をあげて正面から呼びかけると、ゆっくりとこちらに近づき足を止めた。一瞬で人垣ができ、通路を隔てる衝立《ついたて》がきしんだ。

そんな喧噪《けんそう》をよそに、本田が発した声は驚くほど穏やかなものだった。

「メキシコ相手にブラジル戦とは違う挑戦をして、実際に前半に惜しいシーンもあった。じゃあ、どこに差が出たかというと、間延びしたとき。コンパクトにやっているときの日本はいいのだけど、間延びして互いにスペースができると、どうしても個の差が出る。サイドでタメを作られたりしてね。結局、クロスからの1失点目もそう。そこで流れが変わってしまった」

メキシコ戦において、日本はイタリア戦と同じく、最前線からプレスを試みた。それが機能し、立て続けにシュートシーンが生まれる。だが、ある〝理由〟で、次第に日本のFWからDFまでの距離が開き始めてしまう。

それは、守備における個の弱さだ。

「今回はディフェンスの個という部分をすごくクローズアップすべきだと思ってる。前にいる選手が完璧に相手をプレスでハメて、苦し紛れのロングボールを蹴らせているのに、そのボールをキープされてしまっていた。そうなると前から行っている分、間延びする。そこは潰さないと」

メキシコの1点目は、まさにDFラインが下がったからだった。失点したとき、本田は両腕を振り上げて「もっとラインを上げろ!」とDF陣を怒鳴りつけていた。

今後も日本は最前線からアグレッシブにプレスをかける戦術を続けるだろう。それを実現するためには、ディフェンスにおける個の能力も上げなければならない。

ただし、本田は一方的に守備陣を批判しているわけではない。

両チームが間延びすると、スペースが広がり、攻撃陣には有利になる。だが本田にも、それを生かし切るほどの個の力がなかった。

「メキシコの攻撃陣は、間延びした状況を利用したのにね。相手がやったことを、こっちができひんというのは、日本の攻撃陣の責任。やっぱり最後の局面だったり、試合を決定づけるプレーが少ないのが反省点かなって思う。向こうの戻りが遅くても、こっちの3、4人でゴール前まで辿り着けない、というのが日本の現状です」

メキシコ戦の途中でガス欠になったことも、本田は正直に告白した。

「今日は後半へばっていた。へばっていると、このレベルではやっぱやれないなと再確認した。克服するために、自分が取り組んでいることを、もっと死ぬ気で、もっと覚悟を持ってやる必要がある。ただ、それは自分の力だけじゃ達成できない。まわりでサポートしてくれる人の力が必要。〝チーム本田〟での総力戦になると思っています」

今回、本田は極めて厳しいコンディションで大会に臨んでいた。

2013年4月下旬に体調不良から復帰したばかりで、さらに5月中旬には右太腿の筋肉を痛めた。とても連戦に耐えられる体調ではなかった。

だが、「自分のキャパシティーが大きければ、多少コンディションが悪くてもできる」というのが本田の考えだ。

「まだ自分のキャパが小さい。キャパをもう一度根本的に見直します」

もちろん反省点ばかりでなく、コンフェデでは手応えもあった。

2012年10月に0―4でブラジルに負けて以来、本田はドリブルからのシュートを磨き続けてきた。今回の再戦では、その成果を確かめることができた。

前半19分、ダビド・ルイスを切り返しでかわし、右足でシュートを撃った場面。ゴールこそ決まらなかったが、取り組みの方向性が間違っていないことを確認した瞬間だった。

「あの瞬間は取り組んでいることが出ましたね。いい体勢で、いい状況下の中でボールを持てばやれる。でも90分間それをやる選手こそが超一流。そこが僕の抱える課題です」

90分間のうち、8割は力を発揮できているかと聞くと、本田は「もっと低いね」と即答した。

「8割できればむしろ合格点やと思う。今は5、6割かなと思いますね」

一生懸命やるだけでは、限界がある。

記者たちの質問は途切れず、気がつけば10分以上経過していた。最近の本田の囲み取材では異例の長さだ。何より本田自身が質問に苛立っておらず、一聞かれれば十答えていた。

オランダのフェンロでプレーしていたときは、試合後の囲み取材が30分を超えることも珍しくなかった。そのときの和やかな雰囲気を思い出した。

そろそろ頃合いかもしれない——。

どうしても聞きたいことがあった。

本田は一貫して「個の成長」を訴えており、W杯出場決定記者会見では「そんなもの（組織力）は日本人なら生まれつき持っている」と語った。だが、組織についても、さらにレベルアップできるのではないだろうか。

そう質問をぶつけると、本田は首を振った。

「それは俺が言える問題じゃない。監督の指示の下、チームがひとつの組織を作っているわけでね。監督の約束事がいろいろあるなかで、自分たちは動いている。そこは監督に任せている部分ではありますね」

質問は的外れだった。本田は自己主張が強い選手だが、監督の権限はきちんと尊重しているのだ。

だが、このやり取りから思わぬ単語が飛び出て来た。〝格〟というキーワードである。

「組織は監督に任せて、僕らはどちらかといったら個人戦術ですよね。個の戦術っていうのは、自分と同じレベルの中でやっても身につかない。こういうレベルの、この緊張感の試合を繰り返すことで、知らぬ間に格が上がっていくものだと思う。一生懸命ひとりで練習をしても、上がるものじゃない」

実はすでにブラジル戦後、自身の有料公式ホームページの中で、本田は「格の差がピッチの上での表現の差になっている」と語っていた。

本田にとって、格とは何を意味するのか。

「そのまんまですよ。自信の差がそのまんまイコール格になる。イタリアはあんなにバテていても、日本に勝ってしまう。その負けられないというプライドが、相手を打ち負かす力になる。僕らはとりあえず練習でやったことを１００％出そうってやっているけれど、結局勝ち方がわからない。一生懸命やっているし、いいサッカーもしているし、相手を圧倒しているんだけど、

3―3の状況で点を決めることができない。それが格の差なんです」
イタリア戦の3―4を惜敗と言ったら、自分たちには格がないと宣言しているようなものだ。アジア勢に3―4で負けたら、猛烈な批判を受けるだろう。
「日本がアジアでプレーするときっていうのは、その格がうちのアドバンテージとしてあるってことですよね。負けるわけがないというプライドを持って挑んでいるから、少しのヘマもできない。そういう誇りを持って相手に挑んでいる。だから相手を圧倒できる。コンフェデでは、その逆パターンをやられた。一生懸命やるだけっていうのでは、限度があると思いますね」

僕は〝環境先行型〟ですから。

本田は続けた。

「やっぱ、格って知らん間に身についているものやと思うんですよ。人が判断するもの。自分がどの程度の格かって、自分ではあんまりわからんかったりするから。絶対に負けたくないという気持ちがオーラになり、試合での存在感につながる。そこに差があると、どうしてもビビッてしまう。ビビッているつもりはなくてもね」

自らの格を上げるためにも、本田はビッグクラブへの移籍が必要と考えている。CSKAモスクワとの契約は2013年12月で切れるため、その可能性は日増しに高くなっている。メキシコ戦前日には、イタリアのコリエレ・デロ・スポルト紙が一面で「本田がACミランへ」と報じた。

「僕がビッグクラブに行けば、計り知れない成長が待っていると思います。僕は特に〝環境先行型〟ですから。自分よりもレベルが高いところでやることで、いろんなものを吸収して、今ここにいる。もちろん次のステップに行けるかまだわからないんですけど、チャンスがあることを意識しながら、8月まで様子を見ます」

本田の脳内には、すでにブラジルW杯の映像が流れているようだった。

「今回はブラジルの人たちがすごく応援してくれた。それは非常にアドバンテージですね。来年のW杯で後押しになる可能性があるんじゃないかと思います。親日であることを、試合をやっていてすごく感じました」

コンフェデを入学試験の模試としたら、日本の合格確率はD判定以下だったろう。だが、本田いわく「まだ1年もある」。

「W杯でビッグサプライズを起こす」

ミックスゾーンで外国人記者に語った一言に、ブレない決意がにじみ出ていた。

16

《欧州遠征の手応えと課題》

人間にとって、失敗って自慢できるもので。
何度も言うように、
失敗しているときがチャンスなんですよ。

——2013年11月@ブリュッセル

勝ったときこそ、悪かったところに意識を向けないと。

ブリュッセル国際空港の動く歩道を、本田圭佑はコートの裾をなびかせながら、ゆっくりとふてぶてしく進んできた。搭乗の案内がアナウンスされているが、慌てる様子はまったくない。

3対2で勝利したベルギー戦の翌日――。

本田はCSKAにおけるラスト5試合に臨むために、モスクワ行きの飛行機に乗ろうとしていた。

サングラスをかけているため、表情を読み取りづらい。横にすっと近づき、まずは挨拶がてらにこちらの取材予定を伝えた。

「今日から3週間、モスクワにアパートを借りて、CSKAの最終戦まで見させてもらうから」

「3週間!?　長いなぁ」

さすがの本田も苦笑いしている。

すかさず、「ベルギー遠征のことを聞かせてほしいんだけど……」と投げかけると、本田はうなずきながら返した。

「まずはそっちの話を聞こうか」

　動く歩道に揺られながら直撃取材がスタートした。

――日本は2013年10月の東欧遠征で2連敗しながら、今回はオランダに引き分け、続いてベルギーに勝利した。正直、東欧遠征で試したことが、これほど早く結果として現れるとは思っていなかった。ポジティブな驚きだった。

「自分としてはむしろ逆の考え方で、こういうときこそもっと徹底的に、今後懸念される材料をしっかり洗い出さないと」

――そう？

「勝ったときというのは、良かった点に目を向けるのではなく、悪かったところに意識を向けないと。もう僕は頭の中で分析して、試合が終わってからある程度の整理がついている。まだビデオを見てないんで、あくまで記憶に頼ってですけどね。それでもかなりのことはわかる。僕だけじゃなくて、全員がそこを意識しないといけない。逆にあれで行けるって思っているんであれば、楽観的すぎる。ベラルーシ戦みたいに負けた後に楽観的になるのは全然ＯＫなんですけどね。今回は逆でしょ」

――人の意識が流れている方向と、あえて逆を見るべきだと。

「そう」

――今回の遠征前、日本代表はかなり追い込まれていたと思う。その重苦しい雰囲気の中、べルギー遠征でも挑戦を続けられた精神的な強さはどこから来ているんだろう。
「まず（ザッケローニ）監督が中心になってブレてなかったってことが、一番良かったですよね。何だかんだいって監督がチームの中心人物ですから。選手があれこれ考えても、監督の決断によって大きく変わるというのは、モスクワのチームですごい感じることなんでね。ほんとに俺はバイエルンやマンチェスター・シティに勝ちたかったけれど、勝てなかったし。仮に今後、彼らと5試合ずつやったとしましょう。もちろん本気で勝ちにいくけど、正直、実際やって勝てるのかなっていう不安もある。監督も選手も含めて、やっぱり日本代表で世界の強豪に挑むのとでは違う」

勝つこと自体に、意味を見出していない。

動く歩道は滑らかに流れ、ゲートのすぐ近くまで運び届けてくれた。ただし、まだ短い列ができている。それを確認すると、本田は少し離れたベンチに座った。こちらも正面に座って向き合う。ときおりサングラスの縁から、うっすらと目が見えた。

腰を据えたことで、本田のスイッチがオンになったらしい。ＣＳＫＡの話を枕に、次第に語気が強まっていった。

——ＣＳＫＡでは苦しい状況があったとしても、チャンピオンズリーグ（ＣＬ）の経験から得るものも大きかったのでは？

「人として学ぶことが多いですよね。CLというよりは、CSKAという組織に4年間いて、難しいことの方が多かったから。やっぱりあとで振り返ると、人間にとって、失敗って自慢できるもので。日本人はどうしても失敗を恐れてしまう文化の中で生活しているけれども、何度も言うように失敗しているときがチャンスなんですよ。セルビア戦とベラルーシ戦は負けはした。それは問題。ただ、あそこで勝つこと自体に、僕は意味を見出していなかったから。当然ながら結果がついてくると、いいんでしょうけども。長期的なプランで物事を見ているんでね。やろうとしていることは、セルビア戦、ベラルーシ戦、僕はどちらも出ていたと思う」

——確かに映像を見返すと、ショートパスによる中央からの崩しが何度もあった。たとえばベラルーシ戦の前半26分、遠藤保仁の縦パスから、本田圭佑が落として、香川真司、長友佑都、再び本田圭佑とつながった場面は可能性を感じさせた。本田くんが出した柿谷曜一朗へのラストパスは、DFにカットされたけれども。

「ただ、選手同士もまったく同じ価値観でサッカーをやっているわけではないんでね。監督の価値観の下に、若干の歩み寄りがあって、ひとつのチームになっている。それがうまくいったときは、昨日のようなサッカーができると思うんですね」

——東欧遠征では、歩み寄りが足りず、チームとしての共通認識を作れていなかった？

「僕の感じ方とは違って、セルビア戦はうまくいかなかったと思っている選手もおそらくいたでしょう。でも、それは問題ではなくて。僕自身は、ちょっとひねれば、昨日みたいな内容になるなっていうのはわかっていたから」

ひねるというのは、実に本田らしい表現だろう。

東欧遠征の反省を受け、ザッケローニ監督は基本コンセプトの再確認を訴え、特に攻撃においては「裏への意識」を求めた。棒立ちになるのではなく、前へ、前へ走れということだ。その要求通り、選手たちは果敢にDFラインの裏を狙い、自然と味方を追い越す動きが増えた。縦への思い切りの良さは、元々ザックジャパンが持っていたもので、「以前のやり方に戻った」と感じた選手もいたかもしれない。

だが、裏への意識は、バルセロナもバイエルンも実践している攻撃のイロハのイで、ショートパスの崩しと矛盾するものではない。むしろショートパスの連携を助けるものだ。短いパスをつなぐためには、誰かが常にパスコースに顔を出す必要がある。足が止まっていたら実現できるはずがない。

実際ベルギー遠征では、裏への意識がショートパスの威力を高めた。オランダ戦の2点目の場面では、内田篤人のドリブルから岡崎慎司と本田のダイレクトプレーが続き、最後は大迫勇也の落としを本田が決めた。ベルギー戦の3点目では、長谷部誠が柿谷に縦パスを出し、その落としを岡崎がノートラップで叩き込んだ。

いずれも見事な中央突破だった。東欧遠征で失敗を恐れずチャレンジしたからこそ、ショートパスの崩しという新たな武器を手に入れられた。

しかし、世界一欲張りな男が、これくらいの出来で満足しているわけがなかった。

本田が強調したのは、まだ日本は対戦相手のプレースタイルによって、うまくいったり、いかなかったりするレベルに留まっているということだった。

何回したん？　っていうくらいミスしましたから。

「強気に攻めてくる世界の強豪とやるのと、引いてカウンターを狙うチームとやるのとではわけが違う。それをまったくいっしょのような位置づけで考えたら本質が見えなくなる。ベラルーシ戦は僕らがボールを持たされていたのに対して、ベルギー戦の場合は裏に大きなスペースがあった。そのうえ相手は戻りが遅く、こっちがボールを奪ったとき、後ろ向きに僕らを追っていた。そういう状況では、景色も、緊張感も、特徴の生かし方もまったく違ってくる。もちろんオランダやベルギーのように前に出て来る相手に関して、1点、2点を取れるという手応えをみんなが得ることができたのは大きい。でも、東欧遠征で見えた『引いた相手をどう攻めるか』という課題は未だに残っている。W杯になれば、引いた相手と対戦することになるかもしれない。おそらく1チームはグループリーグの同じ組に入って来ると思うんです。そこには絶対に勝たなきゃいけない。大抵そういうチームは体が強く、センタリングを上げても跳ね返される。まさしくセルビアとベラルーシのようにね。そういう相手をどう崩すかというのは、ベルギー戦と同じようにやってもいいとは限らない」

——もはや裏に走り込むスペースはないと。

「他にも課題はある。ベルギー戦で、日本の攻撃はすごく相手の脅威になったかもしれないけど、すごくミスが多かった。何回したん？　ってくらいミスしましたから。あと、いつでもベルギー戦とかオランダ戦みたいにガツガツ、ガツガツ前に行けばいいっていうもんではない。ブロックを敷いている相手には、そういうやり方では跳ね返されるから。一方ベラルーシ戦は、ミスは少ないけれど、相手からしたらあまり怖くなかった。僕らのボール保持は長かったけれど、ミスの少ないプレーばかり選択して、トライをしていなかったから。バイタル（ゴール前の中央のエリア）に入る手前くらいまでは、パスをまわせているわけです。でも、スペースがないから、そこに入って行く回数が少ない。やっぱバイタルって、『いつ』入るかが大事で、バルサはその判断が素晴らしい。そこを日本はもっと練習していかないと」

――引いた相手をどう崩すかというアイデアを、本田くんは持っているわけだよね？

「俺はこのベルギー戦とオランダ戦で見せたものだけが、自分たちがやりたいサッカーではないと思っている。一部分にすぎない。そこが惜しい。徹底的に引いた相手に対しても、どう崩すか。あと、ベルギー戦の終盤にボールポゼッションをしましたけど、あのポゼッションの仕方も、さらにひと工夫加えないと。その場しのぎの時間稼ぎになってしまっていた」

気がつくと、搭乗ゲートには誰もいなくなっていた。係員も最後の搭乗者が早く来てくれないかとそわそわしている。そろそろタイムアップだ。3日後にはスパルタク・モスクワとのダービーが控えており、さすがに乗り遅れるわけにはいかない。

本田は立ち上がり、愛用の白いスーツケースに手をかけた。

――日本はその日の調子に頼ったラッキーパンチで勝つようなチームではなく、どんな相手と

W杯で当たろうが勝てるチームを目指していると。

「言うまでもなく、今回も収穫はたくさんあるんです。先制点を取られたにもかかわらず、アグレッシブに反撃して、前半、もしくは後半途中に同点に追いつくという試合を続けてやった。それはひとつの収穫でしたね。ただ、じゃあ先制点を取ったときはどう戦うのかと。2点目、3点目をまったく同じ取り方でいくっていうのでは通用しない」

ゲートに到着すると、係員がホッとした表情でチケットを受け取り、半券をもぎった。

「じゃあモスクワで」

サングラスをかけた最後の搭乗者は、少しも焦ることなく、自分のリズムでスロープを降りて行った。

adidas

17

《奇跡を起こす壮大なる計画》

波乱を巻き起こすには、
勘違いを芽生えさせなければいけない。
それができるという期待を、
僕は自分自身にしているんです。

――2013年12月@モスクワ

ミラン移籍決定前の対話。

はっきり言って、あまりにも無謀な挑戦なのだ。アジア王者にすぎない日本が、W杯の頂点に立つことなど。

それでも本田圭佑は「W杯で優勝を狙う」と公言し続けている。なぜか？　それが奇跡を起こす唯一の手段だと信じているからだ。

２０１３年11月下旬、本田はモスクワで言った。

「力が上の相手を倒すには、勘違いが必要なんですよ。波乱を巻き起こすには、誰かが『あ、今日もしかしたら行けるかも？』っていう勘違いを芽生えさせなければならない。それができるという期待を、僕は自分自身にしているんです」

12月11日、本田のACミランへの移籍が発表された。背番号は10。フリットやルイコスタら選ばれた者のみが纏《まと》える伝説の番号だ。

奇跡を起こすための壮大な計画は、新たなステージに突入した。

なぜ本田は、日本サッカーの前例を覆し続けられるのか。そのヒントは日々の取り組みにある。

ミランへの移籍が決まる3週間前——。

本田はいつものようにＣＳＫＡの練習場でトレーニングに打ち込んでいた。スパルタク戦後のオフ明けだが、2日後にチャンピオンズリーグ（ＣＬ）のバイエルン戦が控えている。本田は居残りでチリ代表のゴンサレスに協力してもらい、入念に右足のシュートを練習していた。

気温はマイナス5度だが、幸いこの日のモスクワは晴れていた。空気が澄んでいて、緩やかな時間が流れている。

練習場から出て来た本田に話しかけた。

「天気もいいし、バイエルン戦について訊かせてほしい」

すると本田はフッと笑って、クラブの敷地のゲート前で立ち止まった。

「天気は関係ないやろ！　敷地内に入ったらアカンで。まあ、ここでちょっとなら」

本田の手にはニット帽が握られている。長時間の立ち話は厳しいが、数分間ならいけるかもしれない。

白い息とともに、最後のモスクワ密着が始まった。

——いよいよ2度目のバイエルン戦。9月の対戦では圧倒的な差があって、0対3で完敗した。それでも先日、「本気で勝ちにいく」と言っていたね。勝算は？

「何とも言えないのは（コートジボワール代表の）ドゥンビアが出られないことですよね。このチームはレギュラーではないメンバーの力がどこまで計算できるかわからないっていうのが、一番の大きな問題でね。相手がバイエルンという以前に、自分たちのサッカーができるのかなっていうのが不安材料です」

――その中で本田くんにできることは？

「ポジティブな面を言えば、ＣＳＫＡのホームスタジアムのグラウンドが悪いこと。それによっていかに向こうのプレーが、いつもより遅れるか。ミュンヘンでの試合よりも、ボールを奪うオポチュニティ（機会）を増やせないことには、攻撃の回数も増えないのでね」

――攻撃のイメージは？

「やっぱりカウンターですよね。おそらく１トップは（ナイジェリア代表の）ムサ。そのイメージを僕の頭の中で作り切れていない。２日間あるので、その作業に集中したい」

――前回のバイエルン戦前は、「もし負けたら、今季が終わるくらいの心構えでやるべき」と予言して、本当にＣＳＫＡは大スランプに陥った。今回はどう見ている？

「あの時よりもインパクトを受ける試合にはならないと思っていて。今のＣＳＫＡは、バイエルンに負けたからと言って次に引きずるような状況ではない。１回チンチンにやられたことで『ひょっとしたら勝てるかも』という勘違いの気持ちはなくなってしまったから」

――どういうこと？

「僕はバイエルンに勝つには、勘違いが必要だって思っているんです。ですけど、その勘違いがもはやなくなっている。負けた時の傷つき度は少ないでしょう。その分、波乱を巻き起こすことも極めて難しいなっていうのは正直思っているんですよね。波乱を起こすとしたら、誰かが『それ入っちゃったよ』っていうプレーをして、再び勘違いを芽生えさせなければならない。

明後日は、試合中に『あ、今日もしかしたら行ける？』っていうような気持ちが、チームに生まれることを期待しているんだよね」

――それを起こすのが本田くんかも？

「まあ僕の可能性は高いですし、当然ながらあとは1トップを任された選手。カウンターなわけですから。そこに関わる期待を、自分自身にしている」

日本人ってこういうものなんだよって示したかった。

――ひとつ訊いておきたいことがある。2日前のスパルタク戦で、本田くんはいつも以上に気持ちを出してプレーしているように見えた。どんな思いがあったんだろう。

「冬に移籍するからって、(ロシアのメディアから) モチベーションがどうこう言われるのは気に食わなかった。それを払拭したいと常々思っていた。点を取れていないことに関して言い訳はできないけど、だからこそスパルタク戦では自分のゴール以上に勝利が大事だったから。冬以降にCSKAと関係なくなる人間が、最後まで仕事をしたって思ってもらいたかった。選手として以上に、ひとりの日本人としてそれが大事なことだと思っているんでね。本田圭佑っていう以上に、日本人ってこういうものなんだよって示したかった」

2013年11月27日、粉雪が舞う中、バイエルン戦のキックオフの笛が鳴った。

予想通り、バイエルンは緩んだピッチに苦戦し、いつものようなパス交換ができない。だが、誤算だったのは、欧州王者は重馬場での強引さも兼ね備えていたことだ。前半17分、高い位置のボール奪取から、ロッベンが先制点を叩き込んだ。勘違いを起こすプランは早々に吹き飛んだ。

しかし、苦しい中でも、本田は虎視眈々と相手を観察し続けていた。

グアルディオラ監督の指示により、バイエルンのDFラインは頻繁に上下動を繰り返す。本田はそこに隙を見出し、後半開始直後、GKアキンフェエフのロングボール一発で裏に抜け出した。

残すはGKノイアーのみ。本田がドリブルで誘うと、相手はスライディングで飛び込んで来た。本田は素早くボールを引き寄せ、軽やかにかわした……かに見えた。ところがその刹那《せつな》、倒れたノイアーが193cmの身体を弓のようにしならせ、右手でボールをブロック。軍配はドイツ代表GKにあがった。

その後、本田はPKを決めて一矢報いたものの、試合は1対3で完敗。ノイアーをかわせていれば同点に追いつけていただけに大きな悔いが残った。

個の力の差を実感したGKノイアーとの一騎打ち。

2日後、練習場で会うと、本田は悔しさと興奮の両方を抑えるようにして、試合を振り返った。

――ノイアーとの駆け引きはすごい戦いだった。完全に倒れていたのに腕が伸びて来た。

「いやいや、もうそれは話しても言い訳にしかならないから。結局ノイアーの瞬発力が勝ったということ。サッカーというのは、チャンスを止めるか止めないか、決めるか決めないかで勝敗が分かれるということにすぎないしね。あれこそが今まで俺がさんざん言ってきた『個』。結局俺が個で負けただけの話。どんな相手にも決める選手にならないと」

――世界一のGKの個を感じたことで、自分の個も高まるのでは？

「まあ、キーパーのレベルが低かったら、俺のあの微妙なタッチで、かわせていたかもしれない。ノイアーではそうはいかなかったというのは受けとめないといけない」

――試合後、本田くんがすべてのスタンドに向かって頭を下げていた。あんなシーンは初めてだと思う。

「感謝の気持ちを表せたのかはわからない。でも、いつもはやらないことなのでね。気持ちを込めて挨拶したつもりです」

本田が「この4年間、自分ほどたくさん失敗した人間はいない」と振り返るように、CSKAでの日々は、サッカーをする喜び以上に、苦しさを伴うものだった。

２０１２年１月にはラツィオへの移籍寸前にストップがかかり、２０１３年８月のミランへの移籍交渉でも同じことが起こった。理解できない理不尽なことばかりが続き、移籍に関してだけ言えば、まるで監獄に幽閉されているかのようだった。

それでも本田はひとりの人間として、クラブへの感謝を忘れていなかった。

「残りの試合、すべて勝つとは言わないまでも、それに近い結果を残したい」

だが、もはや体力は限界に近づいていた。ロシアリーグ最終戦となったクラスノダール戦では前半38分に交代させられてしまった。

しかし、4年間の貢献が揺らぐはずがない。CSKAの練習場での最終日、スルツキ監督は穏やかな表情で言った。

「ホンダがフェンロからモスクワに来たとき、まだ国際的には無名の選手にすぎなかった。けれど今、彼はCSKAのリーダーになった。世界一の選手のひとりになったと思う。チームメイトを助け、多くのタイトルをもたらしてくれた。彼の貢献は本当に大きい。心から感謝している」

2010年1月に本田が加入すると、まずCLでクラブ史上初のベスト8進出を達成。2011年にロシアカップで優勝し、2013年に念願のリーグ優勝を成し遂げた。同時にロシアカップとスーパーカップも手に入れた。本田にとってはあまりにも長い4年だったが、CSKAにとっては栄光に満ちた期間だった。

「私にとっての一番の思い出は、やはりセビージャ戦のホンダのFKだ。あのゴールによってCLのベスト8に進出し、CSKAの歴史が塗り替えられたんだ」

では、なぜそれほど感謝しているというのに、クラスノダール戦で本田を前半に交代させたのだろう。最後の最後で契約を延長しなかった選手への制裁のようにも見えた。

しかし、それは誤解だった。

「私はホンダに対してまったく怒っていない。彼にとってミランへの移籍はすごく大事で、意識するのは仕方がないことだ。少し体を守ってプレーしているようにも見えた。疲労も考えて交代したんだ」

スルツキはあらためて感謝を口にした。

「ホンダには、ありがとうという気持ちでいっぱいだ。この先も私は彼の人生を見ている。彼ほどプロフェッショナルな選手は見たことがない。ミランでの成功を祈っている。いつかピッチで再会したい」


2013年12月10日、CLのグループリーグ最終節のプルゼニ戦。本田はCSKAでのラストマッチのキックオフをベンチで迎えた。

試合が膠着《こうちゃく》したことで、予想よりも早く本田の出番がまわってくる。後半7分、スルツキはスーパーサブとして投入。本田はその期待に応え、右サイドをドリブルしながら様子を窺い、左足で絶妙なクロスをあげて、ムサの先制点をアシストした。

だが、悪い意味で、最後までCSKAはCSKAらしかった。ロシア代表のザゴエフが相手を蹴って一発レッド。10人になったことで押し込まれ、終了間際に逆転弾を叩き込まれてしまった。

試合後、本田は怒りを爆発させた。失点の場面でファウルを取らなかった主審に詰め寄って大声で何かを訴え、去り際には通路に怒声を響かせた。

不気味な緊張感の中、ＣＳＫＡのジャージを着て行なう最後の囲み取材が始まった。

――今日の怒りは次につながるエネルギーになるのか。それとも後悔になるんだろうか。

「いや、ディサポインテッド（失望）はあったとしても怒りではない。４年間を振り返ると、自分自身にとって納得できない期間でしたが、そういう感情が自分の中にあるのは、まだまだ成長できるということ。そう僕は信じている」

――厳しい見方をすれば、今日はチームにヨーロッパリーグ（ＥＬ）出場権をもたらせなかった。何が足りなかったんだろう。

「チームとして……うまく戦えなかった。個人的にどうこうできるレベルではなかったのかもしれない。けど、それを言ったら、サッカー選手として終わってしまうと僕は思っている。クリスチャーノ（ロナウド）みたいなことはできないとしても、可能な限り個人技も求めないと。自分はそういうタイプではないとわかっていても、たとえ退場者が出ても、本当のスーパースターなら試合をもう１回振り出しに戻すプレーをできたかもしれない。何かが足りなかったから、結果が出なかったっていうふうに受け止めたい」

ラストではない。これは新たなスタートです。

――次のクラブのイメージはできている？

「まあ、それは楽しみですよね。楽しみでしょうがなかった。それをコントロールするのに苦労した3カ月だったなと思います」

この日、まだ本田は移籍先を発表しなかった。ただし、新天地で何をしようとしているか、壮大な計画の一端を口にした。

「さっき言ったことと違うと捉えられるかもしれませんが、サッカーは1人では勝てないんですよ。その前提を踏まえたうえで、個を追求すると同時に、いかに自分の存在によってチームを機能させせられるか。そういう作業って、ピッチ内よりも、ピッチ外の方が大事。そのへんはサッカー選手の枠を超えて、いろんなことを次のクラブでもやっていきたい」

その計画の中には、もちろんブラジルW杯も含まれているだろう。コートジボワール、ギリシャ、コロンビアと同組に入った組み合わせを「非常に厳しい」と分析した。

「僕はスペインやブラジルと同じグループ以上に厳しいんじゃないかなと。皆さんが知っているような国とやることに関してはイメージトレーニングができていた。でも、コロンビアは南米の強豪ですけど、よくわからない。ギリシャもそう。予想と違うドロー。イメトレは仕切り直しです」

本田はブラジル、もしくはそれと同格の大国をイメージしていたのだろう。ところが、同組には下剋上を窺うダークホース候補ばかりが入った。立場は日本に近く、大国に挑むという構図は成り立たない。

だが、すでに〝イメトレの仕切り直し〟は急ピッチで進んでいるに違いない。

コロンビア代表のファルカオがFCポルトでプレーしているときに、本田はELの試合で対戦したことがある。2011年3月のことだ。

その後、本田はこう言っていた。

「ファルカオはポルトで対戦したとき、あんまりオーラを感じなかった。けれど、アトレティコに行ってから変貌しましたよね。すごく点を取るオーラを出すようになった」

コートジボワールに関しては2010年6月にスイスで対戦して、「体が強いだけじゃなくテクニックもある。自分たちの良さを生かしている」という印象を受けていた。情報はゼロではない。

そう言えば、プルゼニ戦の前日、モスクワの空港で会ったとき、「いよいよCSKAでのラストマッチだね」と話しかけると、本田はこう宣言した。

「ラストではない。これは新たなスタート。俺のサッカー人生はこれからも続いていく」

さらば、モスクワ。

次はカルチョの国が待っている。

18

《名門ACミランへの挑戦》

移籍までに時間はかかりましたが、必然だった。2年前の僕では、重圧を乗り越えられたかわからない。

——2014年1月@ミラノ

ビッグクラブの洗礼。

まさにビッグクラブの洗礼だった。

2014年1月9日、メディアに公開された「ミラネッロ」での練習の冒頭において、本田圭佑はトレーナーの指示で坂道をダッシュし始めた。緩やかな傾斜を一気に駆け上がり、ジョギングで戻る。その繰り返しだ。チームメイトがのんびりパス回しをするのを横目に、ひとりで約30分間、この単純作業を続けた。合流2日目とは思えない激しさだった。

だが、本当にキツいのはここからだった。

冒頭の公開時間が終わり、メディアをシャットアウトすると、トレーナーは汗だくの本田に対して、11対11の紅白戦に入るように指示する。あえて疲労困憊の状態で、実戦に放り込んだのだ。本田はそこから約20分、ボールを追い続けた。体が軽いわけがなく、ミスをしないように丁寧にプレーするので精一杯だった。

練習が終わると、本田はベンチに座り込んだ。他の選手が帰っても、背もたれに両腕をかけたままじっと動かない。

数分後、ようやく立ち上がると、個人トレーナーからドリンクを受け取り、サプリメントを喉に流し込んだ。そこでまたしばし立ち尽くす。息が乱れたままでは、ロッカールームに戻れない、といった感じで。

しかし、こういう未知の疲労こそ、心から欲していた感覚だろう。

ACミランのトレーナーが、何の根拠もなく、オフ明けの選手の体を追い込むわけがない。彼らが運営する「ミランラボ」は、世界でもトップクラスのコンディション調整機関だ。選手を最高の状態に引き上げるために、常に緻密な計画を練っている。

最先端のトレーニングによって、自分がどう変化するのか。本田は心地良い疲労と野望を同時に感じていたに違いない。

その前日——。

1月8日、ミランのホームスタジアム「サン・シーロ」で、本田の入団会見が行なわれた。

筆者は幸運にも衛星放送「スカパー！」の仕事で、会見前に本田にインタビューできることになっていた。与えられたのは約15分。ロッカールーム近くにボードが立てられ、即席のインタビューエリアが設けられた。

ミランは、名誉会長がTV局を持つメディア対応のプロ集団だ。イベント慣れしており、イタリア人とは思えない段取りの良さで、スタッフがきびきびと動いている。

本田がスタジアムの地下駐車場に到着すると、「今すぐスタンバイしてください！」と女性広報から促された。通路にボディーガードが登場し、まるで首相でも来るかのような緊張感に包まれた。

数分後、公式スーツを身に纏《まと》った本田が、広報に誘導されてやってきた。少しは雑談できるかと思ったが、とてもそんな雰囲気ではない。マイクを遠ざけ、小声で挨拶した。

「イタリアでもよろしく」

本田が少しだけうなずく。

ライトの熱と、マイクのわずかな重みを感じながら、ミラン正式入団後、初のインタビューが始まった。

モスクワでの4年は無駄ではなかった。

――これまで本田選手はいろんな大舞台を経験してきました。それでもミラン入団は特別なことだと思うんです。今どんな興奮を覚えていますか？

「みなさんの期待っていうのは感じますし、嬉しい気持ちはあります。でも一方で、まだ試合には出ていない。ようやくここからがスタート。まだまだ冷静ではありますね」

――2日前にスタジアムで実際にミランの試合を観ました。率直な感想は？

「一番気にして見ていたのは、ファンが一つひとつのプレーにどこで反応するかっていうこと。今まで僕がプレーしてきた国とは異なる反応があって、新たなフィーリングを感じながら見ていました」

――たとえばどんな?

「非常に目が肥えていて、一つひとつのプレーへの反応が厳しい。俺もここでブーイングされるんだろうなって思いましたね」

――本田選手はイメージトレーニングが得意ですが、試合を観たことでさらに具体的なイメトレができるのでは?

「チームが抱える課題を自分なりに分析している。自分が入って、どれだけ改善させられるか。実際は思っているよりも簡単ではないでしょうけども、やれる自信はありますし、チームに何かしらのプラスアルファを加えたい。そのプラスアルファで、サッカーって劇的に変わるものだったりするのでね」

――ワールドクラスの個が集まっているミランですが、組織としては上手く機能していないように見えます。

「一人ひとりのレベルを見ると、世界最高峰のレベルでやれている選手ばかりなので、組織も求めていきたい。むしろ求めていけば、世界で勝つチャンスはあると思っています」

――カカやバロテッリをこんなふうに使ってやろうというイメージはありますか?

「おそらく訊かれるだろうなって思っていた質問なんですけど、まあそれはもう想像はしています。けど、いつも通りにやるっていうことが非常に大事だなって思っていますし、まわりが誰であれ自分のプレーをする。そこに集中したいなって思っていますね」

このインタビューをするうえで、ひとつ意識していたことがあった。それはカメラの前で、どれだけ本田の多彩な表情を引き出せるかということだ。

日本代表の試合後のフラッシュインタビューでは、真剣勝負の直後ということもあって、険しい表情で答えることが多い。それを見て「恐い」という印象を抱いている人も多いだろう。しかし、それはあくまで戦闘モードの顔だ。普段はサービス精神とツッコミ精神に溢れた大阪的エンターテイナーである。

だから、あえて話題を変え、こんな質問をしてみた。「エスプレッソが好きだと思うんですが、本場はいかがですか？」と。本田は「まあ、おいしいですよ」と苦笑い。表情的にも、内容的にも、完全に空振りだ。

だが、「イタリアに来て5日間経ちましたが、生活はどうですか？」という問いでは、表情とともに、素の一面を引き出せたと思う。

「まあ、変わらないですね。というか、今までもサッカー主体でしたから。ミラノに来たからといって、何も自分の生活スタイルは変わらない。よく『街が変わればハッピーになるよ』っていう話をされたんですけど、僕にとってはサッカーのプレー次第なんでね」

ミラノに住むだけで幸せと言ったら、それはモスクワを否定することになりかねない。さりげない発言の中に、モスクワという街と、そこに住む人たちへの「感謝」と「リスペクト」が込められている、と思った。

実際、会見後の囲みで、本田はこう言った。「面白いことに移籍までに時間はかかりましたが、必然だった。2年前の僕では重圧を乗り越えられたかわからない。モスクワでの4年間は無駄ではなかった」

どんなに遠回りしようとも、どれほど苦しもうとも、過去への感謝を忘れない。だからこそ、急激に環境が変わっても、自分を見失わずにすむのだろう。名門に移籍したからと言って、浮わついたところが少しも見えない。いい意味で、変わってないのだ。

インパクトを毎週イタリア人に植え付けたい。

このインタビューは15分間という制約があったが、あらためて訊いておきたいことがあった。それは「なぜ本田は1番にこだわり続けるのか」ということだ。

本田は南アフリカW杯のときから、「優勝を目指す」と公言していた。当時はあまりクローズアップされなかったが、のちに建前ではなく本気だったことが判明する。ブラジルW杯に向けても優勝を目標に掲げ、ミランの入団会見では「イタリアと対戦して勝ちたい」とイタリア人プレスの前で言ってのけた。

新天地のミランでも、まわりを自分の色に染めていくつもりだ。

「僕の伝えたいことを他の選手に伝えて、少しでもレベルの高いサッカーに切り替えていければと思います」

なぜ、本田はこれほどまでに頂点に立とうという気持ちが強いのだろう?

――4年前、「イメージする自分は遥か先を走っている」と言っていました。だんだん追いつき始めたのでは？

「いや、全然追いついてない。むしろ離されているくらい。まあ日本人として、このチームに来て期待されているっていうのは、僕にとっては誇りではある。ただこの待遇に見合う選手に早くならないと。正直、待遇が先行している部分が少なからずあるのでね。彼らが僕にどれだけ期待しているかを、冷静に分析しないと。それを下回ったら、期待が批判になるわけですから。環境先行型の僕としては、いい環境を与えられていると思う。この期待に見合う選手になれれば、今離されているもう一人の自分に追いつけるはず。そのチャンスがまだあると、僕は信じています」

――ミランに来たことで、さらに日本を背負う存在になると思う。責任感は？

「やるべきことをやるのが僕の仕事。使命感というものはロシアのときから持っていて、国が変わっただけなのでね。日本代表としてしっかり結果を出して、イタリアに遊びに来る日本人が、いつでもイタリア人から良い出迎えをしてもらえるようにね。そんなインパクトを毎週イタリア人に植え付けたい。それが僕の今の目標です」

――最後に質問させてください。本田選手はどうして1番にこだわるんでしょう？

「うーん、理由を追求しちゃうと、答えが見つからないんですよ。どうしてサッカーを始めたのかっていうのと同じでね。気がついたら始めていましたから。どうして1番になりたいのかっていうのも……なりたいからなる、としか言えない。だって2番になりたいっていうのは、僕の性格からしたらちょっと的外れなので。僕は2番よりも1番が好き。それだけが唯一の理由ですよね」

――ミランというビッグクラブにいると、バロンドール（ＦＩＦＡ最優秀選手賞）も対象になってくると思う。頭の中で描いている？

「気が早いですけどね。ここでしっかりやるべきことをやれば、それも夢ではない」

理由は極めてシンプルだった。無我夢中でサッカーを始めていたように、気がついたら１番を目指していた、と。そう言えば本田は子供時代を、こう振り返っていたことがある。

「最も影響を受けたのは父親。なんかするなら絶対に１番にならな話にならんってね。ホンマそれだけで、具体的にこうしなさいって言われたことは一度もない」

本田家のＤＮＡと、「１番が当たり前」という後天的な環境の化学反応が、どんな大舞台でも頂点を目指す怪物を作り出した。

10番のデビューは期待通り早く訪れた。

２０１４年1月12日、アウェーのサッスオーロ戦の後半20分、２点リードされた状況で本田は４―４―２の右ＭＦとしてピッチに立った。するとポジションにとらわれず、少ないタッチ数で組み立てに絡み、一気に攻撃を活性化する。ミスはほぼゼロ。デビュー戦とは思えない落ち着きぶりだった。チームは3対4で負けていきなりアッレグリ監督が解任されることになったが、本田個人としてはミランで通用するだけでなく、攻撃の中心になれることを証明した。

左足のシュートがポストを直撃し、「持っている男」にはなれなかったが、本田は逆境になればなるほど力を発揮するはずだ。

以前、本田はこんなことを言っていた。

「誰よりも上にいけば、誰の言うことも聞かずにすむ。やりたいことをやれる。それが自分の中の『カッコいい男』像です」

本田にとって、日本サッカー界にとって、新たな歴史の幕が開けた。

19

《己の仕事とミラン再生計画》

自分は選手の立場にいても、監督としての仕事をできる。

――2014年2月@ミラノ

ターニングポイント。

感情の爆発の熱量が、掛かっているものの大きさを表していた。

2014年1月26日、カリアリ対ACミラン戦の後半ロスタイム、本田圭佑が左足で放ったCKはサルデーニャ島の海風をひらりとかわし、パッツィーニによる逆転弾を生み出した。

メインスタンド側で歓喜の輪ができ、逆サイドにいた本田は完全に乗り遅れた。だが、バックスタンドの最前列では、ミランのスタッフ数名が声援を送っていた。それに気がついた本田は、チーム専属コックのミケーレ・ペルセキーニの胸に飛び込んだ。CSKA時代はよほどのビッグマッチでない限り見せなかった熱い感情表現だった。

試合後、ペルセキーニ専属コックは丸眼鏡を触りながら言った。

「私はアウェーにだけ帯同するコックなんだが、本田はすごくフレンドリーでね。パスタが大好きで、昨日はサルデーニャ名物のボッタルガ（カラスミ）のパスタを食べてくれた。私は横浜のホテルオークラで働いたことがあるけど、ミランでは日本食は出してないよ（笑）。喜びを分かち合えて嬉しかった」

もはやクールな本田は、そこにはいなかった。試合終了のホイッスルが鳴ると、ロッカールームに戻る途中で、両肘を後ろに引きながら雄叫びをあげた。

まだセリエAの舞台で、力を発揮できているわけではない。イタリア人のサッカー観は保守的で、アバンギャルドな本田の哲学が認められるのには時間がかかるだろう。しかし、自分の力不足も、価値観の違いも、すべてが新鮮な発見であり、それを心から楽しんでいるに違いない。

本場のパスタとともに――。

カリアリ戦は、本田にとってターニングポイントになった。ポジションがトップ下から、右MFに変わったからだ。

セードルフ監督就任後の2試合（ベローナ戦で先発。続くイタリア杯のウディネーゼ戦で後半37分から出場）で、いずれも本田はトップ下を任された。本人がミランの入団会見で「FWの後ろが一番いい」と語ったように最も得意とするポジションだ。

ところが、カリアリ戦で与えられたのは、4―2―3―1の右MFだった。トップ下が周囲を360度使えるのと違い、サイドは180度に限定される。チームの支配率が低ければ、サイドバック同様の上下動が強いられるハードなポジションだ。

ただし、決して不慣れな位置ではない。CSKAでも、バグネル・ラブがいたときは、たびたび右MFでプレーしていた。本田自身も「トップ下の次にやりやすいのは右。左よりも右がいい」と語っている。切れ込んで左足でシュートするには、右サイドからのスタートも悪くない。

それにＣＳＫＡ時代、本田は右ＭＦの位置でスタートしながらも、自由に中央に入ってプレーしていた。スルツキ監督から「守備のときに右にいれば、あとは自由にしていい」と言われていたからだ。

サイドはスペースが広いためスピード勝負になりやすいが、密集している中央は判断の速さがものを言う。だからカリアリ戦も、きっとロシアと同じやり方でプレーするはずだ……と想像していた。

まずは右サイドの役割を極める。

しかし、その予想はあっさりと外れる。本田は得意ではない高速ゾーンに、勇気を持って留まっていた。

足が速いわけではないため、当然ぎりぎりの攻防が増える。印象的だったのは一か八かのヒールパスが増えたことだ。それを出さざるを得ないほどの限界に近い領域で戦っているのだ。

カリアリ戦では、ラグビー選手かのように倒れ込んで、体でボールを守った。姿勢のいい本田が、これほどピッチに倒れる姿は見たことがない。

セードルフ監督はオランダ人らしく「ピッチを広く使う」ことを重視し、左右のＭＦにはライン際に開くことを求めている。

本田はそのデザインを守ったうえで、自分の良さを出そうとしているのだ。もちろん中央に入ることもあるが、CSKA時代に比べると、回数がはるかに少ない。

続く2月1日のトリノ戦も、本田は右MFで先発した。

印象的だったのは、前半27分に流れの中で本田がトップ下に入り、カカが右MFになったときの意思表示だ。0対1のビハインドを覆すためにも、本田は得意とするトップ下にしばらく留まるかに思われた。だが、本田は躊躇なくカカに声をかけ、ジェスチャーで中央に戻るように伝えた。

まずは右サイドの役割を極める――。そう宣言しているかのようだった。

後半、本田は何度も右からドリブルで切れ込んで、シュートを打とうと試みた。だが、ロシアリーグで通用したプレーが、セリエAでは止められてしまう。メッシを意識して磨き続けたはずの武器を、さらに高めなければならないことに気づかされた。

それでも確実に前へ進んでいる。セードルフは、トリノ戦後にこう評価した。

「後半良くなったのは、ピッチを広く使えるようになったからだ。本田とロビーニョが幅を作ってくれた」

「ラ・ガゼッタ・デロ・スポルト」紙が「右サイドは本田のポジションではない」と指摘したように、このやり方では短所が目についてしまう。だが、たとえ苦手な局面に何度さらされても、すべては想定内のはずだ。

本田のイタリア人運転手がガゼッタ紙を助手席に置いていたので、本人も採点くらいは目を通しているかもしれない。しかし、そんなものに計画を進める時計のリズムを乱されるような本田ではない。

本田語録に、こんな言葉がある。

「1年後の成功を想像すると、日々の地味な作業に取り組むことができる。僕はその味をしめてしまったんですよ」

今はミランにおける土台を作るとき。そう感じているに違いない。

独自のリーダーシップ論。

チームにおけるコミュニケーションも、焦らず、自分のリズムで進めている。日が経つにつれて、練習場で話をするメンバーが多彩になってきた。

オランダ代表のデヨングとエマニュエルソンを皮切りに、フランス組のメクセスとラミ、続いてイタリア代表のモントリーボと話すのを頻繁に見かけるようになった。

カリアリ戦後に急接近したのが、右サイドバックのアバーテだ。この試合のロッカールームで隣だったからなのか、右サイドで縦で組んだからなのか、アバーテが本田にちょっかいを出すようになった。トリノ戦の前日のウォーミングアップでは、ロビーニョと話し込んでいた。広報によると、イタリア語のレッスンもスタートした。

その一方で、言葉を発するのを我慢しているように見える瞬間もある。

イタリア代表の悪童、バロテッリに対してだ。

バロテッリはあまり練習を真面目にやらず、練習中にコーチとふざけて総合格闘技のマネを始めたりする。セードルフ監督が、パスを受ける前に逆方向へのサイドステップを入れて「マークを外す動き」をするように指示しても、バロテッリはほとんどやらない。

練習時の本気度は、本田とかなりの温度差がある。

だが、本田はそれを横目で見て苦い表情をしながらも、注意することはない。ベローナ戦では、バロテッリが獲得したFKは躊躇なく譲った。バロテッリとの関係に関しては、焦らず、じっくりと距離を縮めようとしているのが伝わってくる。

本田には独自のリーダーシップ論がある。２年前に取材したとき、こう語っていた。

「まあ、タイプによって話すことは変えているよね。オレのことを理解しようとしているやつと話す場合と、別にオレの言うことを理解しようとしてないって感じるやつとでは、話す内容は違ってくる。わりとオレのことを理解しようとしている相手には、自分が意図するシーンのイメージを、できるだけ明確に話すようにしている」

また、こうも言っていた。

「人に何かを言うときには、相手の性格をわかってないと。言ったらどうなるかをね。だから、選手それぞれの普段の振る舞いを観察している。たとえば日本代表だったら、自分なりに全選手の性格を言えますよ。ミスしたあとに『何やってんねん！』って言ったら、どう反応するとかを細かくね」

相手の性格を見て、かけるべき言葉を変える。そして相手が聞く状態になければ、声をかけない。

おそらくバロテッリに対しては、焦らず、じわじわと信頼関係を築いてから、本気のコミュニケーションを取るつもりなのではないだろうか。

幸い新監督に就任したセードルフは、本田の理解者だ。オランダのフェンロで結果を残したこともプラスの印象を与えているだろう。

カリアリ戦後のオフ明けの練習でウォーミングアップをしているとき、セードルフが本田の横に行って声をかけた。身振り手振りを交えて、何かを伝えている。途中から横にいたデヨングも参加し、価値観を共有している「オランダ・トリオ」で話し合いを続けた。

本田は「自分は選手の立場にいても、監督としての仕事をできる」と考えている人間だ。本田はミランのサッカーの近代化を進めるために、セードルフとのコミュニケーションを重視している。新監督の性格を観察しながら、チーム作りに自分のイメージを練り込んでいくだろう。チームを勝たせ、自分自身が輝き、そしてチームを変える。この究極の3つのバランスに本田は挑もうとしている。

これまで筆者はモスクワで10回以上にわたり直撃取材を続けてきたが、ミラノで同じような取材をするのは難しかった。

練習場「ミラネッロ」のゲートで待てば、選手が車で出て行くのは見送れる。ところが、話を聞こうとするイタリア・メディアは一切いない。そこで取材を受けると、選手に罰金が科されるという噂もあった。グレーゾーンが多く、取材する側も手探りの状態だった。

ただ、それでも挨拶ならいいと考え、帰国直前、本田がファンサービスのために停車したときに、「トリノ戦の翌日に帰国するから」と声をかけてみた。

すると、左手でペンを持ちながら、本田はちらりとこちらを見て、大阪弁の独特のイントネーションで言った。

「記事、見てるよ」

筆者はイタリア滞在中、Ｎｕｍｂｅｒ Ｗｅｂで本田をテーマにしたマッチコラムを３本書いた。〝好き勝手書いてくれたなあ〟なのか、〝全然的外れやで〟なのかわからないが、本人が読んでいたことを知って一気に背中に汗が噴き出た。

入団から１カ月間「ミラネッロ」に通いつめて、初めて練習場の出口で聞いた肉声だった。

当初、本田がいかに自分のスタイルを貫こうとしているかばかりを見ようとしていた。だが、取材を続けるうちに、自分の成功モデルに固執せず、本田は新たなスタイルを築き上げようとしているのではないかと感じるようになった。

ブレずに信念を貫き続けた男が、変えるべきことと、変えるべきでないことを取捨選択し、新たな理想に向かって泥臭くもがいている。環境先行型の本領発揮はこれからだ。

adidas
Fly
Emirates
10

20

《ミラノでの葛藤》

今のチームは〝普通〟のタイプがいない。
だからこそ普通でいること自体が
差別化になるというかね。
それが自分の付加価値になり得る。

――2014年5月@ミラノ

苦しいときに何を意識して行動するか。

非日常の贅沢な空間を、背番号10がひとり占めにしていた。

２０１４年5月4日のミラノダービーの試合後、出番のなかった本田圭佑は予想外の行動に出る。おそらくセードルフ監督がチームのオフを2日間に増やしたことを受け、体がなまってしまうと判断したのだろう。本田は再びピッチに現れると、ほぼ無観客となったスタジアムで汗を流し始めた。

長友佑都との対決が注目されていただけに、不満や鬱憤を溜め込んでいてもおかしくない状況だった。だが、サンシーロを駆け抜ける姿に悲壮感はなかった。トレーニングコーチの計測の下、笑顔を見せながら約30分間、ハードなインターバル走をやり遂げた。

今、ＡＣミランで本田はもがいている。32節のジェノア戦でようやく初ゴールを決めたが、その後、左足首を痛め2試合欠場して波に乗れなかった。そして36節のミラノダービーでは出番なし——。ミランではまだ「駒」のひとつにすぎず、ＣＳＫＡのときのように「キング」になれていない。カカという王を守る兵隊にすぎないのだ。まわりが本田に合わせるのではなく、本田がまわりに合わさなければならない。

ところが、不思議なことに、本田は評価されないときほど、目が輝いているように見える。下剋上が大好物なのだろう。理不尽な出来事があればあるほど、燃えてくる性格らしい。ダービー後、ミックスゾーンに現れた本田は「お疲れさん」と一言だけ残して去っていった。すがすがしい微笑みとともに。

思うようにいかずに苦しいとき、本田は何を考え、何を心がけているのか？　ミランは取材規制が厳しく、練習場「ミラネッロ」における取材はグレーゾーンだが、どうしても話を聞きたくなった。

リーグ戦初ゴールを決めたジェノア戦の5日前、ゲートから離れたファンがいないところで本田の車を待った。

夕日を頼りに車のナンバーを見極め、ヒッチハイクをするかのように手を振った。イタリア人運転手は、こちらをファンだと思ったようだ。後部座席に確認してから、緩やかに減速を始めた。

車が横付けされ、スモークがかかった後部座席のウィンドウが下りる。「少しだけいい？」と訊くと、車内の暗闇から低い声が返って来た。

「質問によるね」

すぐさま録音機をオンにし、練り続けていた質問をぶつけた。

――日本には職場や学校で壁に直面している人がたくさんいると思う。本田くんは苦しいとき、何を意識して行動しているんだろう？

「今、自分が意識していることはたくさんあるんだけど、そのうちの1つをあえて紹介するなら、『基本的なことを続ける』ということだね」

――基本？

「うん。自分にできる基本を繰り返す。それが状況を打開するポイントになるから」

――普通、人は困難に陥ると、特別なことをやりたくなると思う。

「そんなことはないよ。苦しんでいるとき、状況がなかなかうまくいかないときに、特別なことをしようとするのではなくて、『できることをする』、『原点に帰る』ということの方が、作業としてはやりやすい。一般の人も、そうなんじゃないかな」

――サッカーであれば基本は、「走る」とか「守備をする」といったことだと思う。ミランでは、そういう献身的なプレーが必要だと。

「今のチームは、『普通』のタイプがあんまりピッチにいない。だからこそ基本をできるやつが際立つ。普通でいること自体が差別化になるというかね。それが自分の付加価値になり得る。そういう部分がピッチの中で認められれば、元々ある自分の特別なクオリティがチームとうまく融合する。特徴をタイミング良く出せるようになる」

――なるほど。

「今はまだ時が来るのを待っている。いや、待つのではなく、引き寄せようとしている。自分の良さとチームを融合させようと、毎試合トライしている。この前のキエーボ戦で（バロテッリからパスが来てGKと1対1になった）チャンスでシンプルに決められていればとか、後半のヘディングシュートを決めていればとかね。あのへんが成果として出始めると、状況は大きく一変すると思う。一変するというのは、まわりがね。本人として大きく変わることはないけれど、ゴールが生まれればもうちょっとリラックスしてプレーできるだろうし」

自分の強みである忍耐力を、ピッチで発揮していきたい。

――フィオレンティーナ戦とキエーボ戦の2試合、劇的にプレーが良くなっているように見えた。現地紙の採点も高かった。感触は？

「もちろん予想外に苦労したっていうところもあるし、今後も続く可能性があるわけですけど、だからこそしっかりと地に足つけて、自分の強みである忍耐力っていうものを、ピッチで発揮していきたい。それも一日ではなくて、エブリデイでね。自分の精神の強さを発揮していくことで、認められる日が必ず来る、と信じている。この2、3試合で認められたというのは自分にとって予想外だけど、まあひとつの上昇気流に乗り始めているのは間違いないし、それをどう続けられるかっていうのは今後の自分次第です」

出番がなかった試合後、コンディションを維持するために走り込みを行なう――。これも本田なりの「基本に立ち返ること」に違いない。

上昇気流には乗り切れなかった。だが、逃したのなら、乗れるまで繰り返せばいい。本田はなり振りかまわず、泥まみれになりながら、名門クラブの王の座を狙い続けている。

21

《ブラジルW杯　存在証明①》

自分の中ではここを節目にするという
気持ちで挑んできた。
次はないくらいの気持ちで挑むべきだと
自分に言い聞かせています。

――2014年6月@アメリカ

2度目のW杯に臨む覚悟。

ブラジルW杯開幕6日前――。

アメリカ・フロリダ州のタンパで行なわれた強化試合ザンビア戦の後半ロスタイムで、大久保嘉人の鮮やかなゴール（4―3）が決まったとき、本田圭佑は喜びの輪にいなかった。背番号4は厳しい表情で自陣深くに戻ると、酒井宏樹と森重真人に声をかけてこう伝えた。

「チームとして、『攻めることで守る』のか、『しっかり守る』のか、どっちか決めないと。ここはみんなでしっかり守って勝ち切るぞ」

本田が問題視したのは、その2分前に喫した失点の場面だった。酒井宏樹がムソンダのドリブルに押し込まれ、相手が中に切れ込んだためにマークを山口蛍に引き渡したが、シュートは山口にあたってネットに吸い込まれた。

このとき日本は3対2でリードしていたが、前線の選手は攻めようとして前がかりになり、後方の選手は守ろうとしてDFラインを下げていた。つまり、チームとしての意図が分断されていたのである。

試合後、酒井宏樹は反省しながら言った。

「あの場面では、僕がちょっと引いた位置にいたので、前線の選手を戻させなければならなかった。そこを（本田に）言われました。『攻めることで守る』にしても『しっかり守る』にしても、右サイドを支配できるようになりたい」

今回のW杯に向けた準備期間、とにかく本田は守備の〝現実〟を口にすることが多かった。今まで攻撃の〝理想〟を語ってきたのに対して大きな変化である。

本田はザンビア戦のミックスゾーンで、首をひねった。

「何試合も連続で先に失点を許しているというのは、何か原因があるからだと受け止めている。でも、誰かが何かをサボったからという『わかりやすい失点』ならいいんですけど、なんとなく全体としての課題な気がして。全体の課題ってあやふやにされがちやから。的を絞れないのは危険。失点の雰囲気、流れっていうものがあると思うんで、それをビデオを見て考えたい」

このザンビア戦のやりとりが象徴するように、本田はピッチ上では監督でもある。たとえコンディションが悪くても、ザッケローニ監督が起用する理由がそこにある。

今大会は、本田にとって最後のW杯になるかもしれない。本田は自らの公式サイトで「集大成」という言葉を使った。

「自分の中ではとりあえずここを節目にするっていう気持ちで挑んできた。次はないくらいの気持ちで挑むべきだ、というふうに自分に言い聞かせています」

ただし、選手人生を賭けた大舞台にもかかわらず、準備期間において本田はいつも以上にリラックスした表情を見せていた。指宿《いぶすき》合宿に合流したときには、内田篤人や吉田麻也と談笑しながら現れ、ピッチに着くとザッケローニ監督とイタリア語で言葉をかわした。

取材の場でも、いい意味でギラギラしていなかった。

今回、日本代表では選手の負担を減らすために、複数のグループに分けて日替わりで取材に応じる方式が採用された。ホテルの一室に場所が設けられ、席について約15分間質問に答える。

アメリカ合宿2日目、ついに本田の番がやってきた。

ドアが開くと同時にフラッシュとシャッター音が部屋を包み込む。広報に導かれ、膝が当たるような距離に本田が座った。

挨拶がてらに、まずは軽い質問から切り出した。

——最近、監督と2人で話しているのをよく見る。イタリア語で直接話せるのはどう?

「なんとなく言っていることがわかるっていうレベルですけど。英語でもそういう時期があったなと思いながら、ちょっとずつイタリア語が上達しているという実感がありますね」

——結構、戦術的なことも?

「うん。まあ当然そういうことは、ここでは話せないでしょ(笑)」

——込み入った話もイタリア語でできると。

「いやいや、できないですけどね。言われていることも半信半疑といいますか。確信がないんで、やはり通訳が必要です」

意見を押し通すのは改革に近いことをやろうとしているとき。

場の雰囲気がほぐれたところで、W杯前に訊いておきたいことがあった。

本田とザックの関係だ。

この2人のサッカー観は、「攻撃に重点を置く」という方向性は同じだが、その方法論に根本的な違いがある。

本田が志向するのは、パスで相手を翻弄するサッカーだ。日本人選手は技術・俊敏性・発想力の三拍子がそろっており、それを生かしてパスをつないで相手を揺さぶれば、狭いエリアを崩せる——と考えている。

一方、ザッケローニ監督は、縦に速いダイレクトなサッカーを志向している。日本人の武器は「スピードに乗った状態で技術を発揮できること」と考えているからだ。

大雑把に言えば、前者は〝遅攻〟、後者は〝速攻〟。両立は不可能ではないが、ミスに対するスタンスが違う。たとえば後者はポゼッションに頓着せず、ボールを失ってもいい態勢を整えておいて大胆に前方のスペースにパスを出す。一方、前者はミスをしないことを前提にしており、もっと緻密に攻撃を組み立てる。この思考の切り替えは簡単ではない。

本田は監督の考えを尊重しているものの、信念を曲げるような男ではない。この4年間、監督との対話を続けてきた。

フランスとブラジルとの親善試合を控えた2012年10月、本田はCSKAモスクワの練習場で明かした。

「ザッケローニ監督とはよく話します。何を言うべきかを自分なりに考える。意見を押し通すべきなのか、相手の意見に答えるだけの方がいいのか。試合までの日数や状況による。自分の意見を押し通すときっていうのは、何か改革に近いことをやろうとしているときですね。僕は常識には捕らわれない。一般的に監督がやる仕事を、選手としてやれるんじゃないかって思っています」

本来ならば、選手が戦術に口出しするのは越権行為だ。一歩間違えればヒエラルキーが崩壊し、その先にはカオスが待っている。欧州や南米の代表では、そういう問題児はたいてい排除される。「自分の意見を押し通すことで良いチームを作っていく」というのは危険な発想だ。

ただし、過去にはあえて越権を犯し、なおかつ監督との信頼関係を失わず、大きな成功をもたらした例がある。西ドイツ代表の絶対的キャプテン、フランツ・ベッケンバウアーだ。

優勝候補として臨んだ1974年W杯の1次リーグの第3戦において、地元・西ドイツは東ドイツに0対1で敗れてしまった。この敗戦にベッケンバウアーは激怒する。急遽ホテルの一室に選手を集め、覇気のないプレーをしたウリ・ヘーネスらを厳しく批判した。

そして〝皇帝〟は、シェーン監督に自分が望む先発メンバーを提案するなど、「監督を超越した選手」として振る舞い出す。ここから西ドイツは快進撃を始め、決勝でクライフを擁するオランダを退けて世界の頂点に立った。

のちにベッケンバウアーは「すべてを黄金に変える男」と呼ばれるようになる。

もちろん技術、身体能力、戦術眼、洞察力、すべてを併せ持った〝皇帝〟だからこそ成し得た部分はあるうえ、本田はトップ下で、ベッケンバウアーはリベロで、そもそもポジションが異なる。だが、ゲームを読む力、作る力、変える力という点で多くの共通項がある。簡単に言えば、2人ともピッチのヒエラルキーの頂点に立つ者だ。

本田はベッケンバウアーのようなスピードはないが、彼と同じくパワーがある。技術と発想ならレアル・マドリーやバルセロナのレベルにあると自負し、フェンロやCSKAでトップ下を担った。そしてACミランの10番の座に辿り着いた。

フラッシュが明滅する中、本題をぶつけた。

4年間の中で一番リラックスした状態。

――W杯に臨むうえで、本田くんの考えと、監督の考えをすりあわせていくのは大事だと思う。それはどう?

「いやもう今更でしょ。今まで監督とさんざん話してきた。衝突……という言い方はまたネガティブに書かれるから嫌ですが、意見の擦り合わせというものを妥協せずにやってきましたから。こういう状況になってくると、人間開き直るじゃないけど、嫌でも逃げ道はない。ホントの強さが、自分でも想像できないくらいの強さが出る。それを楽しみにしていますけどね」

――今は開き直って、監督の言うことを信じて、とことんみんなでやるだけだと。

「そうですね。より自然体だと思います。4年間気負ってきましたけど、4年間の中で一番自分がリラックスした状態かなと思います」

――戦術的には、ザックさんはインテンシティを強調して言っていて、本田くんにも走ることを求めている。それをやる覚悟は。

「それはもう以前からそうだったように、やはりチームとしてしっかりと動かないと攻守において優勢を保てないと思っている。もちろんブラジルは暑いので、満足いくような走りができないときもあると思うんですけど、理想はきっちり90分間全員が動けるということ。ただ、それができなかったときのシチュエーション、ゲーム展開もやはり大事になってくると思います」

ここからは個ではないと思っています。

この4年間、本田の立ち位置は変化し続けてきた。まず強烈に主張したのは「個」の重要性だった。

「日本人なら放っておいても組織のことは考える。個を高めなければ、チームのスケールも大きくならない」

ザックジャパンが始動した頃は「W杯優勝」というアドバルーンをぶち上げることで仲間の

意識を変えようとし、ときにそれはザックを不快にさせた。しかし、あくまでW杯に向けた壮大な計画のひとつにすぎなかった。

アメリカ合宿で本田はこう明かした。

「雰囲気作りを先行させるために、強引に優勝を口にしてまわりを引っ張ってきた。迷惑をかけた部分もあったと思う。ただし、ここからは強引なだけではダメで、しっかりと実が伴わないといけない」

W杯優勝計画の最終段階。それは個ではなく、組織の追求である。

「ここからは個ではないと思っています。もはや、それはあえて口にする必要がない。今まで口にしてきたのは、日本代表が自分たちの弱点から目を背けがちだったから。日本の最大の良さは協調性。ここからはそれを前面に出して、ピッチで表現したい」

前大会のように〝何がなんでも俺が決める〟とは考えていない。第一選択肢は〝仲間たちを生かす〟ことだ。

「自分の得点というものを最優先に考えているわけではない。このチームには得点できる選手がたくさんいる。得点を導くプレーの質を高めていけたらいいと思うし、その感覚は日に日に高まっています」

これまで本田は「個」を主張して、チームの最前線に立って、仲間を牽引してきた。

だが、W杯を迎えた今、本田はより引いた立場、あえて言えば、監督を超越した選手として大会に臨もうとしている。

ベスト16の先など、日本の未経験のゾーンで鍵になるのは、本田のリーダーシップではないだろうか。それによってチームがもうひとつ上の次元に覚醒すれば、日本サッカー史のベッケンバウアーになれるかもしれない。だから期待したい。調和と創造的破壊の絶妙なバランスによって、触れるものすべてを黄金に変えることを。

22

《ブラジルW杯　存在証明②》

負けたこと自体がショックなのではなくて、「自分たちの良さを出し切れずに敗れてしまった」ことのほうがショックだった。

――2014年6月@ブラジル

〝気を遣う本田圭佑〟

2014年6月14日、ブラジルW杯初戦、コートジボワール戦の後半――。

本田圭佑が最前線でもがき苦しんでいるのを見て、このエースが4年前の南アフリカW杯直前にこぼしたこんな言葉を思い出した。

「日本人の長所はまわりに気を遣えることなんですが、僕はまわりに気を遣いすぎるところがある」

当時、本田は中村俊輔に代わってエースに抜擢された直後だった。人間関係にも配慮しなければならず、チーム内外から重圧を感じていた。

だが、南アフリカW杯が始まると、本田はすべてを吹っ切る。誰にも気を遣うことなくピッチで暴れ回り、日本を救う2ゴールを決めた。

あれから4年が経ち、〝気を遣う本田圭佑〟が再び姿を現した。

初戦のピッチの上で、高い位置から組織的にプレスをかけるというザック流に最も従っているのは本田だった。大迫勇也とともに相手のセンターバックに圧力をかけ、ときにはGKにまで突進していった。これほど献身的な本田をこの4年間で見たことがない。

だが、後方の選手たちは、自陣に引きこもってしまう。相手のスピードを恐れたのだ。これはザック流に反する。前線が援護を受けられないために簡単にプレスの網を破られ、DFラインはズルズルと下がっていった。

コンセプトに従っているのは本田なのだから、選手たちに対して「もっとラインを上げろ！」と要求してもよかった。だが、本田は何度か声を出して促したものの、摑みかかるほどの剣幕ではなかった。

本田はW杯に臨むうえで、周囲にやさしすぎたのではないか——。

日本は前半16分の本田のゴールで先制しながらも、後半に2失点して、1対2で初戦を落とした。

レシフェの敗戦の2日後、重苦しさがまだ残る中、本田のプレス対応の順番が回って来た。広報に導かれ、まずはTVブースに向かった。

本田の声はいつも以上に大きく、柵で隔てられたペンメディアのブースまで響き渡った。

「失点してもいいと思うんですよ……でも、攻め切る。攻める形を最初から示す。その心意気をコートジボワール戦には出せなかったという反省がある。相手がいいところを出しても、守備陣を中心になんとかみんなで守る。その代わり前線の選手が、攻撃で相手の脅威になる。それができなければ目標を達成することは不可能です」

TVブースでのインタビューを終えると、本田はゆっくりとペンメディアのブースに歩いて来た。椅子に座った本田を、どっと半円状に人垣が包み込む。
背中にのしかかる重みに両足で踏ん張りながら、まずはジャブとなる質問を切り出した。

負けたこと自体がショックなのではない。

――以前ロシアで取材したとき、「勝つためなら何でもやる」と言っていた。この苦しい状況で何をすべきだと考えている?

「シンプルですよ。自分の中では敗因はクリアになっているので。そこを繰り返さないように、そのための準備、オーガナイズをしています。もちろん負けて気分のいい人はいないし、ショックはショックなんですけど、負けたこと自体がショックなのではなくて、『自分たちの良さを出し切れずに敗れてしまった』ということのほうがショック。それをさせてもらえず、パワーバランスで向こうが上回っていたことは認める。けれど、自分たちは他の選択肢を取れたのに取らなかった。その準備ができなかったというのが、むしろ自分としてはショックだった」

準備ができなかった――ここまではっきりと本田が準備不足を告白するのも珍しい。「勝敗はすでに試合前に決まっている」という哲学を持つ本田にとって、準備はアイデンティティそのものだからだ。

では、何の準備が不足していたのか。それは本田本人というよりも、チーム全体に関することである。

本田は強化試合より明らかに調子を上げ、本番に合わせてきた。だが、チームメイトに目を向けると、多くの選手が慎重になりすぎていた。その結果、後ろの選手がミスを恐れ、自陣に引いてしまった。

今回の準備期間、本田は「自然体」をテーマに掲げていた。決勝から道のりを逆算するかのように、入れ込みすぎず、ブレーキをかけながら、ピリピリとしたオーラは出さないようにしていた。それに影響されるように、たとえば香川真司は「平常心」という言葉を口にし、チーム全体が自然体で初戦に臨んだ。

しかし、「オフなんて必要ない」と考える本田の自然体と、「オフに息抜きする」通常の選手の自然体は別ものである。コートジボワール戦のキックオフ前、香川は自分の顔を何度も手で叩き、明らかにナーバスになっていた。試合が始まっても、後方の選手は鎖で縛られたかのように自陣から出て来なかった。もし本田がもっと大声を出して周囲を鼓舞していたら、仲間の闘争心に火がつき、あそこまで臆病にならずにすんだはずだ。

周囲にやさしすぎたのではないか——。

感じていた疑問をぶつけると、本田は大きく目を見開いてノンストップで語り始めた。

「結果としてすべてを受けとめる必要があるし、負けたことをどうこういうつもりはない。相手が自分たちを上回ったということが、すべてなんでね。ただ、自分自身がもう少し厳しくあるべきだったとか、厳しくあればあの状況が回避できたとは思っていない」

もう少しぶっ飛んだアイディアが必要だった。

周囲に厳しければ結果は違ったのではないかという、こちらの指摘はあっさりと否定された。ただし、何か刺激される部分があったのだろう。本田は〝準備で足りなかったもの〟を話し始めた。

「自分としては、もう少しぶっ飛んだアイディアが必要だったと思う。たとえばトゥーマッチなリラックスとかね。むしろコートジボワール戦ではそれが必要だった。日本人の良さである真面目さが、悪い方向に出てしまったから。今のチームはすごく真面目で、監督から示された対策のすべてに対応しようとして自滅してしまった。でも、すべてに対応することって、やっぱりW杯ではできないから」

コートジボワール戦において、ザックは相手のサイドバックが上がってきたら、2列目の岡崎慎司と香川真司が自陣に戻って対応するように指示していた。だが、その対策に気を取られ、攻守両方が中途半端になってしまった。あえて戻らず、裏を狙う姿勢を見せることで相手を下がらせる……といった能動的な工夫が必要だった。

「どんなチームでもピンチとチャンスが訪れる。それを決めるか、守るかで試合は決まる。そういうサッカーの真理がある中で、少ないチャンスで優勝するチームもあれば、20本チャンスを作って格好良く優勝するチームもある。で、我々が狙っているのは後者の、理想を貫く方。

1本でも多くチャンスを作っていく。取られても取り返す。そのスタンスを貫けば、俺らは絶対に勝ち上がれるという自信がある。そういうサッカーならば、この難しい状況も打開できるということを、僕自身は信じています」

ブラジルW杯までは仲間にガソリンを注いで火をつけ、なかば無理矢理走らせてきた。ヨーロッパのリーダーに近い流儀だった。だが、本番では自分を含め楽しんでプレーすることで、日本の長所を発揮したいと考えている。

「悔しいのは全員同じ。次は前の選手がのびのびプレーして、誰かが点を取ってくれると思っています」

4年前は自分のことで精一杯だったが、今は仲間とともに輝きたいという思いがある。それが個人頼みの何倍もの力を生み出すからだ。厳しさとやさしさの狭間で揺れているが、もう初戦と同じ過ちは繰り返さない。前回とは異なる境地で本田はW杯に挑んでいる。

adidas

23

《ブラジルW杯　存在証明③》

世界一のための作業が過去4年間、
間違っていたのであれば、正解は何なのか。
それをもう一度、一から見つけたい。

——2014年6月@ブラジル

絶望……そうかもしれませんね。

勇気を与え続けてきた男が、新たな勇気を必要としていた。コロンビア戦（1―4でグループリーグ敗退）後、本田圭佑はすべてを失ったかのような表情でミックスゾーンに立った。

「自分が言ったことの責任もありますし、とにかくこれが現実なのでね。非常にみじめですけど、すべてを受け入れるしかない。当然ながら僕の言葉の信用度は下がると思いますが、また一からこの悔しさを生かしたい。ただ自分にはサッカーしかないし、自分らしくやっていくしかやり方を知らない。これからも、というか明日からですね。また前を向いて進んで行きたいと思います」

ブラジルW杯は本田にとって、4年間緻密に計画を練り上げて臨んだ大会だった。まずは個の重要性を説いてそれぞれに成長を求め、さらに優勝という途方もないアドバルーンを掲げることで意識改革を行ない、最後の準備期間で組織をまとめるという構想だった。

最初は半信半疑だったチームメイトたちも次第に「優勝」を口にするようになり、気がつけばメディアもその波に飲み込まれ、「優勝まで7試合ある。どこにピークを合わせるべきか？」という質問が飛ぶようになった。本田自身もアメリカ合宿中に「どこをピークにするかのポイントなんですけど、まだ自分の中で答えは出せずにいます」と話していた。

しかし、まだ日本はピークなど議論するレベルではなかったのだ。初戦で敗れたことで、チームは心身ともに取り返しのつかないダメージを負った。短期決戦では、一度落ち込んだ集団心理はすぐには回復できない。本田にとっても初めての経験だった。

「第1戦と第2戦では、予測できなかったことが起こった」

これがエースの素直な思いだ。

コロンビア戦の翌日、キャンプ地のイトゥで行なわれた最後の囲み取材で、本田は沈黙をはさみながら重い口を開いた。

「昨晩はいろんなことを考えました。やはり一番……考えてつらかったのは、4年間正しいと思ってやってきたことを、結果として否定せざるをえなくなったことだった。負けたうえに内容に納得がいく試合ができなかったわけですから。また一から自分のモノサシ作りをする必要がある。それくらい追い込まれている。過去に一度だけね、似たようなことがオランダ時代にありました。当時以上の精神的改革、目標の改革、モノサシの改革が必要になる。その中身を考えるのには時間がかかる。まずは頭の中を整理したいと思います」

２００８年5月、所属するフェンロがオランダ2部に降格し、本田はどん底に突き落とされる。北京五輪で活躍して移籍を狙っていたが、それも失敗してしまった。だが、その挫折が本田を変貌させる。黒髪を金髪に変え、吐き気を覚えるほどゴールに執着し、欧州トップに通じる扉を開いた。

あれから6年間、本田はずっと同じ流儀で走り続けて来た。だが今回、ブラジルの地で、その成功モデルはもろくも崩れ去った。

「普通の3試合じゃなかったし、やはりすべてをかけて挑んで来たので。負荷は大きかった。絶望……うん、そうかもしれないですね」

さらにショックだったのは、大会中に仲間たちが迷いを感じていたことに気づけなかったことだ。大久保嘉人が「みんな納得してやっていないように見えた」と語るように軸が揺らいでいたが、本田は察知できなかった。

記者陣から「初戦後、攻撃の共通意識が感じられなくなったという声が出ていたが？」という質問が飛ぶと、本田は肩を落とした。

「結果論ですが、自分自身はブレてなかったし、迷いはなかった。チームの雰囲気を見ながら、自分がチームにどれくらい関与すべきなのか、どれくらい熱く話すべきなのか、怒るべきなのか、怒るべきじゃないのか。そこまで見ながら、『いい感じだ』と思っていたわけですよ。ただ、もしチグハグ感があったと選手が話したのだったら、やはりそこに敗因があったのかなと思わざるをえない。それを見抜けなかった自分自身に責任があるし、欲を言えば、そう思った瞬間に自分や監督にアクションを起こしてほしかった。自分自身は『イケてる』と思っていた分、もしそう思っていた選手がいたら、（計画を実行するのは）難しかったなって思います」

最大の戦犯は誰か？

今大会中、本田はチームメイトたちに厳しく要求はせず、「自分がやるべきことは、チームをまとめることではない」と語っていた。言葉をかわさなくとも、全員と意識を共有できていると信じていたからだ。

だが、それは思い込みにすぎなかった。

開幕までは意識は共有されていただろう。しかし初戦で負けたことで、集団心理が揺れ始める。それに気づけなかったことが、今大会における本田の最大のミスだった。

最後の囲みで、本田は続けた。

「まわりに要求しないでいいと思っていたわけですよ。チグハグ感があるっていう状況ではないと思っていたんで。負ければすべてがなくなり、勝てば１８０度逆方向に進むことはわかっていた。だからこそ、その紙一重を感じられるように、自分なりに勘を働かせていた。でもそのやり方は間違っていた……この結果ではそう言われても反論できない」

もしザックジャパンの最大の戦犯は誰か？　という問いをするなら、答えは本田圭佑しかいないだろう。

意識改革に意味はあったが、本田が発した優勝という言葉がひとり歩きし始め、チームはそれに縛られてしまった。高すぎる目標がやるべきことの絞り込みを難しくし、大会中に動揺を大きくした。リーダーとして仲間の変化に気がつけず、軌道修正できなかった。

エースとしても、1得点1アシストでは不十分だ。この4年間で見せて来たような安定感のあるポストプレーをできず、味方の出足が鈍る一因になった。苦しいときに本田にボールを預けるという拠り所がなくなったら、日本が目指して来たサッカーは実現できない。

自身の責任は、本田自身が一番理解していた。

「日本サッカーを背負って戦って来たわけですから、いろんなものを失う可能性がある。それを取り返すためには、結果を積み重ねるしかない。またみなさんに日本代表という船に乗ってもらえる日が来ることを信じて、日々精進していきたいと思います」

結論を書けば、本田はブラジルW杯で創造的破壊者になれなかった。4年という短いスパンでは、日本サッカー界を間違った方向に導いてしまったと言わざるをえない。

では、長いスパンで捉えたとしたらどうか。この4年間が日本サッカー史においてどんな意味を持つのか、それは本田のこれからの行動と結果にかかっている。

本田は囲み取材で席を立つと、スーツのボタンを留めながら言った。

「世界一のための作業が過去4年間、間違っていたのであれば、正解は何なのか、それをもう一度、一から見つけたいと思っています」

オランダ2部では表舞台から姿を消すことで、じっくりと自分を見直すことができた。あのとき以上の大恥をかいたのだから、再びカッコつけず、なり振りかまわず、イメージなど気にせずに進めばいい。

4年前、南アフリカから帰国した際、本田は罵声を浴びせられると考えていた。

「空港に着いたときに、あんなに祝福の雰囲気を作ってくれたのがびっくりで。オレが優勝だの、岡田（武史）さんがベスト4だの言っていたから、『結局ダメだったやんけ』という反応があると思っていた。もしかしたら叩かれるかなと覚悟して、帰ったわけですよ。そういう意味で、ギャップがあった」

だから、今回こそ、きちんと罵声を浴びせたい。戦犯として責任を取って、日本サッカーを必ず前進させろと。

失敗した者だからこそ歩める道が、目の前に広がっているはずだ。

adidas
Fly
Emirat
SERIEA
TIM

24

《ブラジルW杯後の理想と現実》

今は自分で新たに作ったモノサシを実践している最中。いろんな挑戦をしてきたけど、今回はどのチャレンジとも違う試みになると思う。

――2014年9月@ミラノ

セリエA開幕戦で見えた新たなスタイルの兆し。

まさに練習通りのゴールだった。

2014年9月23日のエンポリ対ACミランの後半12分、右サイドバックのアバーテがパスを受けた瞬間、自陣にいた本田圭佑はゴールに向かって一直線に走り始めた。その勢いにいざなわれるように、アバーテがスルーパスを出す。本田はスピードに乗ったまま、ボールをまたいで相手の逆を突き、左足で同点弾を流し込んだ。

今季、試合前に本田は必ずゴール右斜め前から丁寧にシュート練習を行なっている。偶然ではなく、必然の得点だった。

これで今季3点目となり、セリエAの得点ランキングの首位タイに並んだ。昨季のスランプが信じられない変貌ぶりである。

変わったのはプレーだけではない。

ピッチ外の振る舞いも別人のようだ。試合後にミックスゾーンを通れば立ち止まって取材に応じ、「ひとつだけね」と前置きしながら、いくつもの質問に答える。南アフリカW杯からの4年間、本田は人を寄せつけないような威圧感を放ってきたが、今はとても穏やかだ。背負いすぎた重荷を下ろしたかのように、やさしいオーラを醸し出している。

それだけブラジルW杯の惨敗のショックが大きかったのだろう。コロンビア戦後、本田は燃え尽きながらこう語った。

「また一から自分のモノサシ作りをする必要がある。それくらい追い込まれている。過去に一度だけ、似たようなことがオランダ時代にありました。当時以上の精神的改革、目標の改革、モノサシの改革が必要になる。その中身を考えるのには時間がかかる。まずは頭の中を整理したいと思います」

もはやこの4年間の本田圭佑のままでは限界がある。本田はいったい、どんなモノサシを作ろうとしているのか——。


新たなスタイルの兆しは、すでに開幕戦で見て取れた。

8月31日、ラツィオ戦で本田は右FWとして先発した。本田にとってやりやすいのは、インザーギ新監督が4—3—3を採用し、後方をMFのポーリとサイドバックのアバーテがカバーしてくれることだ。昨季よりも守備の負担が格段に減った。

本田はその利点を無駄にしなかった。前半7分、エルシャーラウィがカウンターからドリブルで抜け出すと、背番号10は自陣から猛然とダッシュして駆け上がり、右足で合わせて開幕弾を決めた。

ミランは3対1で勝利。本田がピッチを去る際には、スタジアム中からスタンディングオベーションが沸き上がった。

試合後、ミックスゾーンで呼びかけると、この日のヒーローはポーカーフェイスで立ち止まった。

――開幕戦は誰にとっても難しいものだと思う。ゴールを決められた要因は？

「そうですね、開幕戦はなかなか慣れないんですけど、それでも確実にいい準備をしてきたという自負はあった。信じてやるしかなかったという意味では、博打でしたよね。そんな簡単な試合ではなかったですし、チャンスも少なかった中で、あの1本を外していれば今日はゼロゴールだったわけで。あの1本を決めていなかったら、試合に勝っていたかどうかもわからない。そういうぎりぎりのところでの勝負を制することができたのは嬉しく思っています」

――ゴールシーンではエルシャーラウィから絶好のパスが来た。昨季は似た形で外した場面もあった。どんなことが頭をよぎった？

「どんなことって、決めたかったですよね（笑）。何よりも決めたかったので、ホント入って良かったです。キーパーの足に当たっていたしね」

――あまり嬉しそうではないけれど、今日の出来には納得していない？

「納得しているのはチームが勝てたことですね。初戦はどういった形であれ、勝つことが大事だったんで。最低限の目標が達成できたと思っています。ただ内容というのは常に改善が必要で、新たな課題が出てきますから。新しいことができるようになっても、前にできていたことができなくなったりする。それは今日も見られた。また反省ですね」

——インザーギ監督になって一番変わったことは？

「とにかくプロフェッショナル。毎日24時間、食事や睡眠にまでこだわる。監督がよく言うのは『おまえら選手なんだから、サッカーのことを常に考えろ』と。当たり前のようですけど、その質が高いチームが勝っていくと思う。まだプロジェクトは始まったばかりで課題だらけなんですけど、結果が出ると計画を前に進めやすい。まわりを納得させながら進めることができると思います」

「作る人」から「決める人」へ。

今、プレー面で本田が取り組んでいることを一言で表せば、〝MF的本能の制御〟だ。パスの能力が高いために、ついパスまわしに参加したくなるが、それではゴールから遠ざかる。そこで中盤のパスまわしには参加せず、ひたすら前線で裏を狙うように意識改革している。「作る人」から「決める人」へ、パスを「出す人」から「受ける人」になろうとしているということか？

「ゲームを作ることを変にやりすぎない、というスタイルにしようとしている。試合中も、ボールに触りたいという気持ちを抑えながら前線にいました」

日本代表のウルグアイ戦後に、本田はこう明かした。

ラツィオ戦で注目すべきは、アンカーのデヨングから本田に出されたパスの本数だ。本田はこのオランダ代表のロングキックの精度を信じるかのように、デヨングが前を向いてボールを持つたびに前線へ走り込んだ。その結果、長短含めて6本ものパスが供給された。すべてをやろうとしすぎず、仲間を信じて待つ――。それが新たな本田像だ。

〝謙虚〟な姿勢も、大きな変化のひとつである。

本田は口から発した言葉は、耳から入って自分の思考に影響する、と考えている。だから以前はネガティブなことは極力言わなかった。だが今季は、自然体で課題を口にする。開幕約2週間前のバレンシア戦では「レギュラー争いの真っただ中にいて、まだまだ安心できない。ホント日々いい緊張感があります」と語っていた。自分を大きく見せようとする力みがまったく感じられない。

自分たちのプロジェクトはまだ始まったばかり。

ラツィオ戦の翌日、日本代表に合流するために本田はミラノのマルペンサ国際空港に、ひとりで現れた。ジャケットにサングラス。そして革のスーツケース。このスタイルは不変だ。

「今日はしゃべらんよ」

素っ気ない返事が来たが、「今日は偶然、妻の誕生日なんだよなぁ」と投げかけると、「それは関係ないやろ」としっかり突っ込んできた。

まずはウォーミングアップを兼ねて、今季のミランのことを訊いた。

——開幕戦を見て、昨季よりミランはバランスが改善されてきたと感じた。

「ボールを大事にして、優勢に試合を運ぼうと努めていたしね。まあただ、自分たちのプロジェクトはまだ始まったばかりでね。リードしてからさらに優位に試合を運ぶという力はなかった」

——プロジェクトという言葉を昨日も使っていた。大きなビジョンを監督は持っている？

「そこまで大きなことをインザーギ監督が言葉で発しているわけではないですけど、おそらく彼の頭の中で、さらなるビジョンが描かれていると思う。まだ全貌はわからないけれど、それでも表現している範囲の中でも十分プロジェクトと言えるものを感じる。根本的な部分からチーム作りを始めているからね」

——以前、本田くんは「結果を出すだけでなく、イタリアサッカーをも変えたい」と語っていた。インザーギ監督からも同じ思いを感じる？

「そこまで行くと、さらなる次元、さらに深いところまで入っていくテーマになる。そこまで考えられる監督であれば、確実に名将になれる道が見えてきますよね。今のところは、まだわからない」

——ひとりの選手としてやれることは限られていると思うけれど、今、どんなことを考えてプレーしているんだろう。

「とりあえずやれることをひとつずつやること。それしかないじゃないですか。とにかく今はそれに集中しているしね」

生き方は根本的には変えられない。

――そういう考え方はブラジルW杯を経験して変わった？　ブラジルW杯前は大きな目標を先に示して、そこに近づいて行った。その思考法は変わったんだろうか。

「それは自分自身であり、生き方の話なんでね。W杯で負けたあとも言ったと思うんですけど、根本的には変えられない。どういうふうに目標に向かって行くかというやり方もそう。コロンビア戦後に『いずれまた大きなことを言うかもしれない』と言ったと思うし、でも今は自分で新たに作ったモノサシを実践している最中で、それは自分にとってもちろん大きなチャレンジ。ミラノのプロジェクトと同様に、大きなチャレンジになる」

ここから一気に本田のスイッチが入った。

「28歳の選手が普通にやるようなプロジェクトなのかどうかも、自分自身はわからない。今回モノサシ作りをするにあたって、当然ながらいろんな人たちの事例を調べたけど、この年齢からモノサシを変えられた前例はなかった。自分が若い頃はたくさんの人の真似をしてきたり、自分なりの道を歩んだり、いろんな挑戦をしてきたけれど、今回はどのチャレンジとも違う試みになると思う。それが1年、2年、3年、4年のプロジェクトになるんやろうなっていう。先は長いけれども、当然ながら4年後も意識しているし、とはいえ、この1週間が大事やし。そこは気長にやっているというか、地道に行くしかないという気持ちではいる」

ロビーの人混みを抜け、ビジネスラウンジの前に到着すると、本田が唐突に「奥さんとうまくいってへんの？」と逆に質問をぶつけてきた。

一気にあちらのペースに引きずり込まれそうになったが、日本代表新監督のアギーレ体制が始まる前に訊いておきたいことがあった。

それはブラジルW杯の敗因に関することだ。

大会中、前線と後方の選手の間で、プレスをかける位置に関して意見の食い違いがあった。その結果、コートジボワール戦ではプレスが空回りして逆転されてしまった。ドイツW杯でも同じような衝突があった。日本はどうしたら、この問題を解決できるのか？

本田から帰ってきたのは、実にシンプルな答えだった。

「それがサッカーでしょ」

戦術論に拘泥《こうでい》せず、サッカーの本質に立ち返ろうじゃないか——そんなメッセージを感じた。難しく考えすぎず、本質を見ようと。

今回、開幕前のバレンシア戦からセリエAの第4節まで、継続して本田を取材した。そこで感じたのは、こちらの評価のモノサシも見つめ直さなければならないということだ。

第3節のユベントス戦で完敗した後、本田はこう自己分析した。

「チームの成熟度が試合を分けたかなと思っている。細かく言っても1、2週間で解決できる問題ではない。これくらいの差があるとわかったうえで勝ちにいった。今のベストを出したうえで負けたという認識です」

本田が変わりつつある中、こちらもこの4年間の古い基準のまま評価すべきではない。ブラジルW杯の惨敗を教訓に、見る側も厳しい目を持つ必要がある。日本サッカー全体のモノサシ作りが、これからの4年間で求められている。

25

《新境地の功罪》

僕が全部やれるわけではないんでね。今は割り切って自分の能力を高めていくことに集中したい。

――2014年10月@シンガポール

新たなモノサシ作りと2つの変化。

本田圭佑に直接の責任はない。だが、「組織に穴を開けた」という点で間接的に失点に関与していた。

2014年10月14日のブラジル戦（0―4）、後半32分。日本が敵陣深くでスローインしたものの、最後は本田が競り負け、そこからブラジルのカウンターが始まった。幸運にもカカのヘディングシュートはバーを直撃し、かろうじて森重真人がペナルティエリア右外にクリアした。右FWが戻っていれば、乗り切れるはず……だった。

ところが、そこに本田は戻っていなかった。駆け上がってきたコウチーニョが拾うと強烈なミドルを放ち、GK川島永嗣が弾いたところを、ネイマールに押し込まれてしまった。

このときペナルティエリア付近には日本のフィールドプレイヤー8人が戻っていたが、右FWの本田の姿はなかった。ほぼ同じ高さまで上がっていた左FWの武藤嘉紀は、全力で戻っていたのに。

アギーレ監督は就任会見で「イレブン全員が守れて攻められる。そんなチームを目指したい」と語っていた。ザッケローニ前監督も「全員守備・全員攻撃」をテーマに掲げ、当時はトップ下の本田も献身的に走っていた。

しかし、ブラジルW杯後に「新たなモノサシ作り」を掲げて以降、本田は得点を狙うこと以外の、他のプレーが疎かになっているように見える——。

言うまでもなく、今季のACミランにおいて本田は大爆発している。7試合を終えて6ゴール。得点ランキングでテベスらと首位に並んでおり、1ゴールに終わった昨季とは別人のようだ。

何が変わったのか？　大きく2つの変化がある。

ひとつ目は「ミランの戦術」の変化だ。

開幕前のバレンシアとの親善試合後、本田はこう説明した。

「ディフェンスの負担が、以前に比べると減っている。しっかりといいポジションを取っていれば、最終ラインまで戻ることはごくわずかしかなくなった。だから相手からボールを取ったあとの距離感が良くて、すぐに攻撃に転じられるようになった。今はいいポジショニングを取れていると思います」

インザーギ新監督は4—3—3を採用しており、中盤の3人がピッチを幅広くカバーして、前線の3人の守備の負担を減らそうとしている。セードルフ前監督のときの右MFではプレーエリアが低く、攻守において孤立することが多かったのとは大違いだ。今は泥仕事から解放され、それがプレーの質の高さにつながっている。

ただし、いくらプレーエリアが改善されても、それを生かす発想がなければ、チャンスを生かせなかっただろう。

ふたつ目の変化は「個の意識」だ。今季、本田は繰り返しこう口にするようになった。

「ゲームメイクは中盤の選手に任せて、自分は試合を決めることにこだわりたい」

ブラジルW杯以前は90分間ゲームの主役であろうとしたが、今季はその欲を捨て、ゴールに専念している。ミランの中盤の選手がいい形でボールを持つと、本田は必ず前に走り出し、ロングパスを引き出そうとする。オンザボールの男がオフザボールの男になったのだ。

この〝プレーの断捨離〟は、ブラジルW杯前の本田では考えられないことだった。たとえば2014年3月のユベントス戦翌日、本田はこう語っていた。

「イタリアのサッカーにがっかりした」

自身のプレーがうまくいかない不満もあっただろうが、イタリアサッカーは中盤が省略されることが多く、確かにヨーロッパのトップレベルのトレンドから外れていた。CSKA時代にチャンピオンズリーグでグアルディオラ率いるバイエルンと対戦した本田が、セリエAに対して〝古い〟と感じるのは当然だった。

ただし、サッカーの価値観はひとつではない。イタリアのサッカーは、ゴール前に情熱を注ぎ込んでいる分、そこでの駆け引きや技術が発達している。今の本田は、まさにイタリアサッカーのストロングポイントを吸収中だ。

チームよりも個、ゲームメイクよりもアタッカーとしての資質に磨きをかけ、それが今のミランの戦術に合って好調を維持している。

では、その方程式が日本代表でも成り立つのだろうか。

今の本田は日本代表に必要な存在なのか？

結論から言えば、ブラジル戦の失点シーンで露呈したように、おそらくそれは簡単ではない。日本サッカーはチームが組織で戦うことがベースにあり、一人でもさぼる選手がいると穴になりかねない。〝省エネ〟は分業型のミランなら許されても、協業型の日本代表では足を引っ張ってしまう。

今の本田は、日本代表にとって本当に必要な存在なのだろうか？

ブラジル戦後のミックスゾーンで、あえて本田に厳しい質問をぶつけた。

「ブラジルのような強い相手との試合では、本田圭佑がゲームメイクに絡まないと厳しいのでは？　それでもモノサシ作りを続けるのか？」と。

それまで穏やかに答えていた本田が、こちらを見つめたまま言葉を止めた。

1秒、2秒、3秒……。沈黙の長さに、迷いがにじみ出ている。

ようやく本田が口を開いたのは、10秒が経過したときだった。

「まあ整理も必要でしょうけど、変えるつもりはないと思いますけどね。うん。それでは意味がないとは思っていますす」

ペンメディアの取材時間のタイムリミットがすでにきており、サッカー協会の広報に導かれて、本田はTVカメラの前に立った。

どうやら数メートル歩いたことで、頭が整理されたらしい。本田は迷いなく言い切った。

「僕が全部やれるわけではないんでね。そこはそれぞれの選手が（役割を）把握しないと、結局ブラジルにはやられる。今は割り切って自分の能力を高めていくことに集中したいと思っています。自分自身がオフシーズンに新しいプロジェクトを始めて、本当の意味でパワーアップするにはまだ時間がかかると思っています。少しいい状態になっているけど、まだ摑み始めたところ。ここからもっと成長していくという自信があります」

割り切る——。

意訳すれば、チーム全体よりも、今は個を突き詰めることを優先しようということだろう。当然、その対象は自分だけでなく、チームメイトも含まれる。話は自ずと若手たちへのメッセージに発展していった。

「ブラジル戦は、収穫はたくさんあったんじゃないですか。監督はおそらくテストというコメントをしたと思うんですけど、代表に初めて呼ばれて、相手がブラジルで、主力に代わって若手が出る。そんな経験、自分が若い頃はまずさせてもらえなかったことを考えると、彼らは今後、Jリーグに何を持ち帰るのか。それを考えれば、大きなものを期待していきたいなと。じゃなければ彼らはもったいない」

話しているうちに、言葉にさらに熱がこもった。

「前にも1回言ったし、これは誤解されかねないんですけど、Jリーグのレベルは高まっているし、素晴らしいチームも増えて、素晴らしいサポーターもいる。ただ、『若いうちに海外に出た方がいい』と、若い選手に声をかけました。スタイルが固まったあとの年齢だと、海外に出ても難しかったりするんですよ。若いうちに出るのが何よりも重要。レギュラー争いは大変だし、ホームシックになったり、生活するうえで差別を受けるかもしれない。居心地が良くないかもしれない。そういったものに日々打ち勝ってこそ、個としての経験が得られる。

居心地のいい場所でずっとやっていたらだめで、勝負強さが求められる経験をしないと。ブラジル戦のような試合をどれだけ数多くできるかというのが、若い選手には必要なんじゃないかなと思います」

ちょっとずつみなさんの期待を裏切りたい。

ブラジルW杯前、本田はチームの戦術について自己主張することが多かった。

「単純にクロスをあげただけでは相手を崩せない」、「ポゼッションを上げた方が勝つ確率が上がる」、「自分たちのサッカーを貫く」。監督さえも超越した存在だった。

だが、ブラジルW杯後、本田は日本代表のプレースタイルについてほとんど主張しなくなった。

本田は自分の取り組みについて「限界を設けずにやっていきたい」と語っている。「限界を決めない」のは、チームも同じなのだろう。今はどんなサッカーをするかを考える時期ではなく、まずはそれぞれが個をとことん追求しようじゃないか、ということだ。

「上には上がいる。それを知るたびに、ホント悔しい思いをして、でもこいつらを越えたいなと毎回思うので。またあらためて不可能はないということをみなさんに見せていきたい。それが自分の生き様ではありますね。『また何か言ってるや』みたいに聞いてもらえれば。ちょっとずつみなさんの期待を裏切りたいと思います」

ブラジルW杯までは、本田は個人としてもチームとしても先に正解を決めて、それに向かってガムシャラに走る流儀だった。

だが今、本田はあえて正解を決めず、迷うことを厭《いと》わず、自然体で歩き続けている。

26

《アジア杯２０１５　まさかの敗退》

勝った負けたという話で終わらせてはいけない。
ここからは勝ち負けよりも、どこまで
突き詰めてやっていけるかやから。
それが自ずと結果になってついてくる。

――２０１５年１月＠シドニー

なぜ、そこまで日本サッカーを信じられるのか。

格下相手にＰＫ戦で敗れたというのに、本田圭佑に悲壮感は漂っていなかった。

２０１５年アジアカップ準々決勝のＵＡＥ戦後、ミックスゾーンに現れると、本田はまるで映像の中の自分を見るかのように失敗したＰＫを振り返った。

「外すものなんですね。今までいろんなビッグプレイヤーがＰＫを外す姿をＴＶで見てきた。この失敗がずっと映像として残っていくというのは自分としては非常に悔しいですけど、これが現実ですね」

もちろん責任を回避しているわけではない。２点目を奪えなかったことに強い責任を感じていた。

「試合にうまく入れなかったのは、いくつか要因があると思います。中２日で想像以上に疲れていて一歩がちょっと遅れたとか。けど、それを想定して試合に入るべきだった。いつもは１００％だとしたら、１２０％のイメージで入るとかね。でも早い時間で失点するのはありえること。やはり一番悔いが残るのは、追加点を取って試合を決することができなかったことです」

それでもブラジルW杯と違って悲壮感がないのは、内容に手応えがあったからだろう。4年前との比較を問われると、本田はこう言い切った。

「前大会で優勝できて、今大会はできなかった。それをもって前大会の方が上回っていたかと言ったら、そうではない。チームのクオリティ、完成度、戦い方において、今回の方が絶対に上だったと思います」

結果だけ見ればベスト8は大失態で、ブラジルW杯に続いてファンの期待を裏切ってしまった。もはや日本のW杯出場を危ぶむ声まで出ている。

だが、本田はブレていなかった。

なぜこの男は、そこまで日本サッカーを信じられるのか——。

UAE戦翌日、シドニー国際空港の荷物検査のゲートで待っていると、スーツ姿の本田が現れた。左脇にセカンドバッグを抱え、右手で革のスーツケースを引いている。香川真司、岡崎慎司、酒井高徳と同便だが、取材対応のときにばらけたようだ。

サングラス越しにこちらを見つけると、本田はいつものように切り出した。

「しゃべらへんよ」

気持ちはわかる。試合後のミックスゾーンで約10分間も話したのだ。すでに頭を切り替えていてもおかしくない。

だが、こちらもいつものように粘らせてもらった。

「じゃあ、まずはこちらの話を聞いてほしい」

２０１４年11月、『NewsPicks』という経済メディアの企画で本田に経営論を聞いて原稿を書いたところ、ビジネスマンから大きな反響があった。ずっと言いたかったお礼を、このタイミングで伝えた。

「お礼も何もないでしょ。ギブ・アンド・テイクやから」

――でも、たくさんの人から「記事を見て元気になった」という感想があった。書いた者としても嬉しかった。そのお礼なら言ってもいいと思う。

「確かにね」

免税ショップの商品棚をすり抜け、広い通路に出た。動く歩道が延々と続いている。歩きながら世間話を続けようとすると、ふと本田が切り出した。

「で、サッカーについて何か訊きたいんだっけ？」

スーツケースに足をぶつけないように気をつけながら、直撃取材がスタートした。

日本サッカーの株は急激に上がる可能性がある。

――昨日、４年前よりチームが進化したと言っていたね。同意できる部分がある。今大会の日本は、いい時間帯はアクションが止まらず、すごくいい攻撃をしていた。ただ、悪いときの落差が大きかった。

「日本の力は間違いなく上がっている。でも今後は日本サッカーのために、できるだけ強豪ともっと戦いたいなっていうのがあるよね」

――どういうこと？

「イタリア代表ともやりたいし、ドイツ代表ともやりたい。ヨーロッパのチームといろいろやって、日本代表チームの株をあげる機会があればなって思っている。もちろん今年の6月からW杯予選が始まってしまうし、スケジュール的に簡単に組めるようなマッチではないけれども」

――強豪との試合はそんなにも違うんだろうか。たとえば2013年11月にオランダやベルギーと試合をして得たものが大きかった？

「まあ、あそこで得たものが大きいと感じているうちは、ちゃんとした力になっていないということで。これからの日本代表はあれくらいが当たり前っていう感覚になっていかないといけない」

――なるほど。

「今は日本に帰って、アジアのチームを呼んで試合するのがスタンダードになっている。5万人の観客はほぼ日本人で、自分たちのホームの雰囲気を作ってもらってやっている。でも、ここから厳しい試合で勝てるチームになるには、できるだけアウェイでの環境に慣れないと。昨日みたいな試合できちんと勝つには『ヨーロッパの強豪とやるのが当たり前』っていう新たな基準を持たないといけない。それは選手がただプレーしているだけでは実現できない。協会がオーガナイズ、指導、育成というものにもっと気を遣って、もっと強化していく必要がある」

通路を歩いているうちに、どんどん本田の声が大きくなっていった。ただ、そうなると当然、オーストラリアの人たちもACミランの10番に気がつくことになる。

ちょうどシドニーの小さなクラブのU－20のチームが、イタリアの大会に出場するために飛び立つところだった。記念撮影の列ができそうになると、本田はすかさず「時間がないから、みんなで一緒に撮ろう」と場を仕切った。

「試合はいつ？　結果をチェックするよ」

本田がアジアの先輩として、気さくに英語で話しかける。束の間の交流から、再び取材のスイッチを入れた。

――強豪と定期的に試合できれば、日本サッカーは1、2年で変わっていくものだろうか。

「木崎さんが言うように、日本がいいサッカーをしているときは、世界のどこを相手にしても全然劣らないよっていうサッカーを今はしている。でも、残念ながら世界にはそれは認められていなくて。その実力はあるけれども、周りは誰もそんな評価をしていない」

――確かにそうだ。

「でも、自分たちにその実感があるのであれば、やはりその機会をもっと設けるべきだと思うし、それを証明していけば日本のサッカーの株っていうのは急激に上がる可能性を秘めている。そうなってくれれば、いろんなことが相乗効果となって表れる。若い選手がもっと簡単に海外へ行けるようになるし、さらに言えば、ヨーロッパでプレーする日本人選手がビッグクラブへ移籍できる可能性が高まっていく」

——普段のセリエAや過去のチャンピオンズリーグの経験を含めて、日本にはその力があると感じる？

「勝つ、勝たれへんの差で言えば、日本にはまだまだ未熟な部分はたくさんある。けれども、世界の強豪を相手にしても、自分たちのクオリティを示す十分な力があると思う。そこをどんどん突き詰めるべき。なのにアジアカップで勝った負けたという話で終わらせてはいけない。勝たれへんかったら、もっといいサッカーをすればいい。それをスタンダードにして1個勝てるようになって、2個勝てるようになって、そうやって歴史って刻まれていくから。

ようやくやけど日本はある程度ヨーロッパの強豪とポゼッションを5割対5割でやりあえるような力がついてきた。そうなのであれば、もうここからは勝ち負けよりも、どこまで突き詰めてやっていけるかやから。それが自ずと結果になってついてくる」

選手としての立場を超えてでも今、言いたいこと。

——けれども、アジアカップの結果を受けて、日本代表に対して懐疑的な意見も出てくると思う。

「もったいないなって思うよね。これだけ日本のサッカーの発展が良い形で出てきたのであれば、もっとここからさらに生かしていくべき。俺が残念でならないのは、そのチャンスを日本が一丸となって生かそうとしていないこと。アウェイで試合をするには、経済的なハードルがある程度は出てくるけれども、代え難い強化に必ずつながるから。そういう強化が、当然ながら将来の日本サッカーの経済面にも反映される。スポンサーにとってもプラスになる。それがすべて、良い選手、良いチームを作ることにつながっていくと思う」

――ここからは選手だけでなく、協会、サポーター、スポンサー、メディアがひとつにならなければ世界で勝てない?

「自分が今、口走っている言葉っていうのは、いち選手としての立場を超えているかもしれないけれど、全体を考えたときに、そういった活動を上のところからやっていかないと、もったいないなっていうのはあるよね」

搭乗ゲートのすぐ横にあるビジネスラウンジに到着した。まずは経由地となるシンガポールへのフライトになる。

「まあ、今日はこんなところで」

本田は香川らが待つラウンジに吸い込まれていった。

シンガポールに到着すると、本田、香川、岡崎、酒井らがそろってターミナルを移動していた。協会のスタッフはいない。まずはフランクフルトへの便が先に出発し、ミラノ便はその後だ。

ミラノへの搭乗ゲートで本田を見送った。

——イタリアですぐに試合があるね。

「これから忙しくなるよ。新しい選手も入って、レギュラー争いもまた始まるしね」

荷物検査で本田が両手から腕時計を外した。プラスチックの箱に置くと、ドスンと重量感のある音を立てた。

「じゃあ、また」

日本サッカーの未来を信じるアジアカップの敗者は、次の戦いに向けて飛び立っていった。

HONDA
10

27

《開幕直前の生存競争》

もし自分のスタイルを貫くのであれば、
移籍を視野に入れた方がいい。

――2015年8月＠ミラノ

同じ土俵で戦わないと見えてこないことがある。

時計の針は、21時にさしかかろうとしていた。イタリアの夏は日が長いとはいえ、あたりは暗くなり始めている。サイン待ちのファンも、数人になっていた。

２０１５年8月9日、ＡＣミランの練習場「ミラネッロ」は、透き通るような静けさに包まれていた。

普段なら選手の帰宅はここまで遅くならないが、この日は2連休のオフ明けで、そもそも練習が18時スタートだった。さらに本田圭佑は体のケアに時間をかけ、すぐに帰るタイプではない。ほとんどのチームメイトが去り、ミハイロビッチ監督が帰った後、ようやく本田が姿を現した。

ミラノの夏は暑く、21時でも30度を超えていた。だが、本田は気温に影響を受けないらしい。青いシャツに茶色のジャケットを羽織ったフォーマルな装いで、運転手付きの車に乗り込んだ。門から車で出て来た本田に、手をあげて合図を送った。黒塗りの高級車がウィンカーを出して路肩に止まると、後部座席のウィンドウが滑らかに下りた。

「しゃべるかわからへんで」

実は4日前にミュンヘンで会ったとき、本田からはそう言われていた。ただし、オフ明けのためか、時刻が極端に遅いためか、表情が柔らかい。取材の交渉もせず、いきなり質問をぶつけた。

「ひとつだけ聞かせてほしい。今季、どんなトップ下を目指しているのか?」

沈黙の後、返ってきたのはシンプルなメッセージだった。

「トップ下として自分を貫くのなら、移籍を視野に入れた方がいい。でも、今はそうじゃない」

キーワードは共存だった――。

8月4日、ミランはアウディカップに出場するためにミュンヘンを訪れた。バイエルン、レアル・マドリー、トッテナムが参加するプレシーズンのお祭りである。

ミランにとっては実力を測る絶好の機会だ。前監督のインザーギは4―2―3―1を好んでいたが、新監督のミハイロビッチは中盤をダイヤモンド型にした4―3―1―2を試みている。トップ下が守備時はボランチまで下がる可変システムである。

レギュラー争いの最大の激戦区は、まさにそのトップ下だ。

「バランス重視のときはボナベントゥラ、攻撃的に行くときはスソ、本田、メネズ」とミハイロビッチが語っているように、まだレースを制している者はいない。

ただ、現時点でリードしているのは本田と言っていいだろう。アウディカップ初戦のバイエルン戦で先発し、トップ下を任されたのだ。

しかし結論から言えば、本田はアピールに失敗してしまう。バイエルンのハイプレスによってパニックに陥ったチームを救えなかった。

本田は混乱を収めるために自陣深くでパスを受けるも、ビダルやラームに背後から体をぶつけられて振り向けない。前半37分には本田のパスがカットされて、カウンターを食らってしまった。

何とか0対3で試合は終了したが、10点入っていてもおかしくない展開だった。シュートすら打てず、普通ならショックを受ける内容だ。だが、本田はかつてポーランドの地でブラジルに0対4で敗れたとき、「なんか嬉しくて。久しぶりに楽しい気持ちになれた」と豪語した男である。どうやら強い相手を見ると、子供のようなワクワクを抑えられなくなるらしい。

ミックスゾーンに現れると、本田は笑みを我慢しながら口を開いた。

――ここまで一方的になるとは思わなかった。どこに理由があったんだろう。

「想像以上の完敗になった理由は、同じ戦い方をして、向こうの土俵で戦おうとしたから。CSKAのときにバイエルンとチャンピオンズリーグで当たりましたが、ここまで差が出なかった。CSKAの場合、バイエルンの土俵で戦わず、守ってカウンターを徹底した。今回は向こうの土俵に立って、ポゼッションサッカーでこっちもつなごうとして、プレスの餌食になってしまった。新監督の下でビビらずにやってみたけど、まあ結果は完敗だったということです」

――2013年11月にCSKAの一員としてバイエルンとモスクワで対戦したときは、ノイアーからPKを決めた。それを考えると、個人として差が開いてしまったのでは？

「いや、同じ土俵で戦わないと見えないことがあるんでね。逆にいい勉強になったというのが率直な感想です。2年前にやったときの衝撃とはまったく違う。こっちの方が学ぶべきことが多いですね」

――どんなことが学べたんだろう。

「同じようなことができたかなと思いながらも、できてないわけでしょ。うまいなあ、なるほどそういうふうにパスをまわしたら嫌やねんな、というようなことを試合中に考えていました。向こうの気持ちに立ちながら、どういうふうにまわしてるんかな、ってね」

――トップ下で先発し、レギュラーに近づいていると思う。監督に力を認めさせる作業がうまく行っている？

「フッ、今日の出来で作業がうまく行っているとは言えないでしょ。でも、やるべきことをやるしかないんで。明日すぐにバイエルンに勝てるわけではない。まったく違うミランを見せられるように、一つひとつ準備をしていくことしか今の段階ではできない。その積み重ねというのは、正しい方向に向かっていると思うし、これを続ければ、試合に出続けるチャンスは増えるんじゃないかなと思います」

ミランとバイエルンの違い。

――新監督はDF出身。どんな印象？

「厳しい監督です。守備面では、まずハードワークが必要とされる。特に自分がやってるポジション（トップ下）は走らなければいけないなと感じています。まあバイエルンを見ていても、守備のときはしっかりと走ることが決まりになっていますよね」

ここで突然、本田はグアルディオラのサッカーの分析を始めた。以前の対戦時に「監督の力でこうもチームが変わるとは。選手として希望を持たせてもらった」と語っていたように、今回もたくさんの刺激を受けたようだ。

「バイエルンがミランと違うのは、攻撃でボールホルダーに対して適切な距離でパスコースを2つ3つ作ること。さらにボールホルダーがその景色に対して、受け手へのマークが十分はがれているという認識を持つこと。この感覚の共有は、やっぱり時間がかかると思うんですね。そのへんは日本代表の方が信頼関係がある。だから球離れも早くプレーできる」

――なるほど。

「僕は今日マークにつかれている状態で、あえてパスを受けに行った。自爆しに行くようなものので、そうなる前にダイレクトでボールをDFに戻すこともできるんですよ。けれどセンターバックからしたら、次どうすんねんって話やから。だから、自分がちょっと無理してみようかなという感じで受けて、ボールロストしてしまったり。

一方、バイエルンはリスクの分担がうまい。１人目がリスクを取りすぎず、楽しすぎず、でもちょっと無理をして。で、３人目くらいになるとだいぶリスクが小さく、４人目で完全にフリーになる。ミランはリスクを取っている選手と取ってない選手が偏りすぎているから、マークをはがしきれない」

——トップ下だとそういうチームの連動に関与できる可能性が高まる。昨季のように右ＦＷでプレーするよりも、トップ下の方がコミュニケーションを取りやすいのでは。

「うん。でも、本当はあんな詰まっているところでもらいに行ったらダメなんですよね。もっと楽に、相手の背後で受けてポンとターンできる方が理想なんで。そのためにセンターバックとボランチがうまく三角形を作って、サイドバックも絡めて、相手を手玉に取っていく。でないと、僕がリスクを必要以上に取らないといけなくなるんで。そうなるといいボールの受け方はできないですよね」

——それについて監督とも話している？

「でもこういうのって、もうちょっとピッチの中で選手たちが考えながらやれればいいんですけどね。サッカーはサッカーなんで。ここでボールを持ったら、そこにいるのが当たり前やろうという感覚。それをみんながもうちょっと理解していければいいかなと思います」

ミランでプレーするうえで一番大事なこと。

翌日、トッテナムとの3位決定戦は〝サブ組〟が先発したものの、後半32分に本田ら〝レギュラー組〟に出番が回ってきた。

すると本田は早速、チャンスを得る。FWのルイス・アドリアーノがプレスをかけ、カルロス・バッカがパスをカットし、その落としをシュートしたのだ。惜しくも枠外だったが、流れるような連動だった。その後も、トップ下でありながら、まるでFWのように裏を狙い続けた。

本田はブラジルW杯までの4年間、日本代表においてトップ下の王様であり続けた。ザッケローニ監督から「もっとゲームメイクを周囲に任せて、ゴール前の逆サイドでパスが来るのを待て」とアドバイスされても、組み立てへのこだわりは捨てられなかった。

だが、ブラジルW杯における惨敗により、本田はザックの教えに本気で取り組み始める。ミランでも、日本代表でもゲームメイクは仲間に託し、右FWとしてよりゴールを狙うようになったのだ。

そういう遠回りをして、再びトップ下に戻ってきた。この1年間の経験の分、きっと以前のトップ下像とは違うスタイルに行き着くはずである。

今、本田はどんなスタイルを目指しているのか？　アウディカップの4日後、ミラネッロから車で出て来た本田を直撃すると、その答えが見えてきた。

――今やっているトップ下は、1年前のトップ下像とは違うのかなと勝手に想像していた。どうだろう？

「ミランでプレーするうえで一番大事なのは、『自分がどんなトップ下としてプレーしたいか』という以上に、『監督がどういうトップ下を欲しているか』だと思っているんですね。もし自分のスタイルを貫くのであれば、移籍というものも視野に入れた方がいいと思う」

――移籍？

「でも、今は違う。このチームで結果を出したいと思っている。このチームで何かひとつ成し遂げてから出て行きたい。そのためには、優先順位は後者になると思っていて。すなわち監督がどういうトップ下を望んでいるか。ミハイロビッチには『俺のチームにはこういうトップ下が必要なんや』というのがあるはず。それをより理解して、自分の持っている特徴をそこにアジャストさせていきたい」

――確かにアウディカップでは裏を狙いながらも、しっかり守備に戻っていた。

「だから自分ありきのコメントをここでするのは簡単やけど、もしかしたら俺のイメージとミハイロビッチがやってほしいトップ下像とは違う可能性がある。ミハイロビッチとコミュニケーションを取って、トップ下像を模索しているところです」

――まだまだ作業の真っただ中だと。

「見てもわかるとおり、ミハイロビッチはバイエルン相手でも引いたサッカーをしない。相手GKがボールを持ったときには、相手のセンターバックにまで本田圭佑がトップ下としてプレッシャーをかけに行っていた。でもそれでダイレクトに相手のトップ下に当てられたときに、自分たちのセンターバックがラインを上げられていないという課題があった。そういうチームとしての未熟さはバイエルン相手やと露呈してしまったけれど、でもそこは前にも言ったとおり、CSKAのようにカウンターサッカーだけで対応していたら見えない課題なんで。ガチでやって、同じようなサッカーをやってみようぜというところで、勇気を出してミハイロビッチが決断したおかげで、逆にバイエルンとの差が何なのか明確にわかった。未熟さがしっかりとわかった。まず地に足をつけて、進んでいこうという状況ですよね。今は」

──「誰かのマネをするのではなく、どこにもいない『オリジナル』になりたい」とずっと言っていた。アジャストと、オリジナルの追求は矛盾せずにできる？

「うん。そこは矛盾しすぎるとナンセンスなんで。より何て言うんですかね、バランス良くそこを追い求めていけたらなと思っている。どっちかに偏ることなく。自分の方を捨てても、それも違うような気がするし。向こうに合わせすぎて、自分の特徴が生かせないんじゃ意味がない。その間を取って、最高の形を作れればいいと思っています」

まだ当分、新たなトップ下像の模索は続きそうだ。ミランで「何かひとつ成し遂げてから出て行く」ために、新監督の求めるスタイルと、自分が追求するスタイルを共存させることに取り組んでいる。

もうなり振りはかまわない。今季はいつにも増して泥臭い本田を見られそうである。

28

《逆境の胸中》

俺は多分、何かを守ろうとしている人間と根本的に思考が違う。おもしろいか、おもしろくないか。おもしろいやんとなったら、評価がズタボロになってもやる。

――2016年1月@ミラノ

大ブーイングから賞賛へ。

ボールを持つだけで大ブーイングが浴びせられていた男に、賞賛が送られていた。

2016年1月17日、4位フィオレンティーナをホームに迎えた大一番において、ACミランの本田圭佑は右MFで先発した。すると絶妙なポジショニングと激しいプレスによって存在感を発揮する。

まずは前半9分、相手に詰めてボールを奪い、前半30分には相手のドリブルを止めて、そのままカウンターを仕掛けた。本田がボールを刈り取るたびに、客席から「ブラボー！」という声があがった。

1月6日のボローニャ戦では、本田がボールを持つたびに会場はブーイングに包まれた。昨年10月のナポリ戦後にクラブ批判をしたことで、反感を買っていたのだ。

だが、続くローマ戦とカルピ戦で連続アシストをあげたことで風向きが変わり、献身的な守備によって、ついに罵声をかき消した。ミランは好調フィオレンティーナに2対0で完勝した。

ナポリ戦後の発言後、本田はリーグ戦の先発から遠ざかり、3カ月ぶりに昨年最後のフロジノーネ戦で先発したが一時的なものだと思われた。だが、それ以降も先発に定着し、ミランに勝負強さをもたらしている。この逆境を乗り越える「生命力」はどこから生まれるのだろう。

２０１６年１月３日――。ミランの練習場「ミラネッロ」の門の外で本田の車を待った。気温は零下に迫り、ファンの姿はまばらだ。ようやく本田の車が出てきたときには日が暮れかけていた。

ヘッドライトをつけた車に手を振ると、後部座席のウィンドウが降りた。

「今日の案件は？」

本田が驚くのも当然だろう。まだ正月なのだ。だが、こちらにはこの日に来るべき理由があった。

「今日は自分の誕生日でね。誕生日に取材したら、きっとたくさん話してくれると思って」

本田はプッとふき出すと、間髪入れずに手招きをした。

「車に乗っていいよ。今日は特別にね」

「ミラネッロ」から乗せてもらうのは初めてのことだ。急いで車の反対側に回り込み、後部座席のドアを開けた。かすかな甘い香水の匂いがただよってくる。

「どうぞ」

本田が水のペットボトルをホルダーに置き、運転手にイタリア語で指示を出すと、車は再び前へ進み始めた。ふと脇を見ると、ノートパソコンが置かれている。

「最近、家にいるときも、ビジネス関係のメールをする時間が増えている。ピアノやらバイオリンやら、もっぱらクラシックを聴きながら仕事をしてますよ」

自ずと話題は本田が取り組むビジネスについて及んだ。

「よくサッカークラブの選手年俸の割合が、予算の5割くらいがいいっていうじゃないですか。でも僕はね、多すぎると思うんですよ。スポーツディレクターの手腕によって、質を上げながら割合を下げることができる。サッカークラブを経営するとね、まあいろいろと考えますよ」

一番自信があるのはマネジメント能力なんです。

いったいサッカービジネスの世界で、どこまで駆け上がることを目指しているのか。思わずそう質問すると、本田は選手としての自分について語り始めた。

「自分は選手としてそこまで優れていないというのをわかったうえで、世界一を目指している。では何で勝負しているのか。自分を分析したときに一番自信がある能力というのは、マネジメント能力なんですね」

――マネジメント能力？

「組織を機能させる力ですね。選手としては自分はどの技術も普通のレベルで、正直、世界一を個人で取ることはできない。だからこそ代表にかける思いが強く、チームを機能させることに特化してやってきた。もちろん壁を越えるために、足を速くする作業をしたり、動き出しの練習をしたり、いろんなことにトライしてきました。でも、真の特徴は、組織の能力を引き出すマネジメント能力なんです」

――だからこそサッカービジネスを始めていると。

「現役中にサッカービジネスに取り組むのは逃げだという人もいる。けれど、僕の中では逃げではない。今でもメッシやクリスチャーノ（ロナウド）には絶対に勝つと、僕は本気で思っている。でもそれは彼らの土俵で、ではない。ゴール数では勝てない、それは認める。自分の中でサッカー界で世界一というのは、引退後でも成し得ることだと思っていて。たとえばクラブの売り上げで世界一になったり。大きな意味でサッカーの分野で世界一になるのを目指し続ける、それが僕のライフワークです」

――当然、サッカービジネスでも世界一だと。

「もともとはドリブルやシュートで世界一を目指していた。でも、歳をとるにつれて、ドリブルではメッシに勝てないなと気づくわけです。それでも子供たちに毎回『諦めるな』と言っているように、絶対に諦めない。もしドリブルだけで勝ってほしいというファンがいたのであれば、傷つけてしまうかもしれない。けれど、理解してほしいのは、本田圭佑の能力の本質。そっちじゃないよと。ドリブルやシュートで彼らに勝てなかったことは、ひとつの挫折かもしれない。でも、諦めないという言葉が自分の辞書の中で一番大事にしている言葉だから」

――日本一のクラブなら想像できる。でも、世界レベルとなるとさらに壁が高い。具体的な道が見えているのだろうか。

「2、3年前だったらまだ漠然としていたけど、今はもう違う。小学校のときってちょっと練習したらリフティングが100回を超えたりするじゃないですか。経営者として、まさに自分はその領域にいるなと思っていて。この2、3年ですごく見えるようになった。世界一のサッカークラブを作るということが、そんなに漠然としたものではないなと感じますね」

成功体験にしがみつくことはまったくない。

――2015年10月のナポリ戦後、クラブの強化のあり方を痛烈に批判した。成功体験にしがみつくな、しがらみにとらわれるなというのは、日本にも当てはまるかもしれない。

「だいぶオブラートに包んだけどね。本気で言ったら、殺されるんちゃうかな。ミラノでも、日本でも。俺、自分に甘いから身の危険を考えてしまうし、相手のことも常に考えてしまう。でも言わんとあかんことやと思って。できるだけオブラートに包みながら言う。そういうことは未だにみんなわかってないけどね」

――どの国でも組織を変えるのは難しい。

「そうなんやんかな。俺にもそんな時期が死ぬ前には来るのかな。死ぬまで挑戦したいけどなあ」

――成功体験にしがみつくことはないと。

「今のところないねえ、まったくないねえ。全然怖くないよ、お金なくなるのも」

――たとえば選手としてプレースタイルを180度変えろとなったら。

「できるかできひんかは別として、怖くはないよね。俺は多分、何かを守ろうとしている人間と根本的に思考が違う。そういう人たちは評価が変わるのが怖くて、多分変えられないんじゃないかな。俺はおもしろいか、おもしろくないかを考える方だから。おもしろいやんとなったら、周りからの評価がズタボロになってもやる」

——DFをやれと言われても？

「普段からどのポジションもできるようにしている。試合の流れでは、守らなきゃいけないときもあるわけでしょ？　苦手な状況になるときもあるわけでしょ？　思い通りに行かないときに、いかに自分のプレーをできるか。それを常に考えているからこそ、大事な試合で結果を出せる。これもある意味、マネジメントのひとつでしょ」

ミラノ市内に到着すると、本田は日本食レストランに招待してくれた。もずくとサラダを前菜にし、刺身、唐揚げ、餃子が次々に運ばれ、ご飯一膳と味噌汁とともに日本の味を堪能する。41回の誕生日の中で、最も刺激的な1日になった。

「ビジネスのことを考えていると、結構プレーにも生きる。いろんな人に会って、違う視点からサッカーを見ることで、プレーに使えるってね。今年に入ってから、人生の一番楽しい日を毎日更新している。楽しくて仕方がないですよ」

約2週間後、フィオレンティーナ戦の翌日に再びミラネッロを訪れた。「次はミランについて聞きたい」と食事のときに宣言しておいた。

路肩に車が停まり、ウィンドウが降りると、黒で統一した本田の姿があった。

――苦しい状況を乗り越え、再び先発に定着した。どんなことを心がけて監督とコミュニケーションを取っていたのか。

「（CSKAモスクワの）スルツキ監督のときもそうやったんですけど、ミハイロビッチ監督が僕のことを選手として好きか嫌いかといったら、好きなタイプではないと思うんですね。本来であれば自分の理想のタイプを置きたいんだけれども、その理想に見合う選手が現時点ではいない。いろいろと試して、消去法で本田圭佑が今のミランに必要だということがわかった。そういうことだと思う。

だから僕自身が客観的に見たときに、世界のトップの選手がここにいれば、本当に僕が去らなければいけなかったような時期はあった。1月にその可能性は秘めていたわけで。ただ、自分が冷静でいられたのは、今のミランの戦力を十分にわかっていたから。この戦力で本田圭佑が不必要になるということは、ありえないだろうという自信を、毎日の練習から感じ取ることができていた。ゴールを取らずとも、必ずチームに必要とされる時期が来るだろうなと感じていたので、そこまで焦ってはいなかったです」

――「なぜ出られなくなったかわからない」というコメントは、監督に誤解されかねない発言でもあった。人間関係は問題なかったのか。

「かなり際どい質問ですね。すべてをストレートに話してしまうと、また誤解を生んでしまう。ひとつ言えるのは、自分はクラブに恩があるし、ガッリアーニ（ACミランCEO）さんに取ってもらったという事実がある。少なくとも本田を取って間違いではなかったとガッリアーニさんには思ってもらいたい。ピッチの上でどういった状況であれ、自分がこのチームにいる限りはすべてを捧げるつもりでやっている。イタリアの記者が英語で質問してくれれば、いつでもこういう思いを伝えたいと考えています」

1月23日のエンポリ戦を2対2で引き分けると、再び厳しい評価がくだったが、本人は意に介していないだろう。フィオレンティーナ戦後にこう語っていた。

「同じプレーをしても、イタリアでは勝敗によって大きく評価が左右される。だから今は勝つしかないんですよ」

車内でひとつ印象的だった発言がある。

以前は試合の2日前からスイッチを入れて周囲を寄せ付けないほどのオーラを出して本番に臨んでいたが、「最近は当日の朝にビジネスのやり取りをすることもある」と言っていたことだ。ミランでは10番を背負って入れ込みすぎ、それが力みになっていた印象があったが、ここ最近いい意味で力が抜けてプレーが軽やかになったように見える。それによって切れと強さも戻ってきた。

本田は固定観念に囚われることなく、これからも姿を変え続けていくに違いない。

エピローグ
本田圭佑との対話を通して。

実はこの話には続きがある。

2016年1月3日、あえて自分の誕生日に本田圭佑を直撃したところ、年に1度のサービスとしてミラネッロから車に乗せてくれ、市内の日本食屋でお祝いしてくれたことまでは書いた。だが、Numberでは誌面に限りがあり、さらにあまりにもプライベートな内容なので書けなかったことがあった。そこでスポーツライター人生を大きく変える出来事が起こる――。

きっかけは、こちらが日本におけるメディアの現状や問題点について、熱弁を振るっていたときのことだ。WEBメディアはいかにクリックしてもらうかというPV至上主義になっており、取材や原稿の質が下がっている。かと言って真面目にやるだけではビジネスとして成り立たない、と。今考えれば、時代の変化を嘆き、責任転嫁していただけである。

するとX鶏の照り焼きを口に運ぶ手を止め、本田はこう切り出した。

「ならば、自分でその問題を解決すればいい。いつまでライターをやるつもりですか。経営者になって、新しいメディアを立ち上げたらどうですか？」

「考えたこともなかった……」とこちらが固まっていると、本田はたたみかけた。

「人っていうのは、気がつかないうちに自分で限界をつくっている。僕の場合、それを自分で壊すのが得意なんですよ。そもそもなぜ日本国内だけの話をしていて、70億人を対象にしないんですか。今、感じているその限界、経営者になって壊してみませんか？」

メディアの経営者になるということは、取材現場から一歩引くということだ。スポーツと同じくプレーイングマネージャーというやり方もあるが、現場から距離が遠くなることは間違いない。まっさきに頭に浮かんだのはW杯だ。もうあの熱狂を味わうことはできないかもしれない。

だが、本田の言葉には、人を酔わせる魔力がある。不思議な使命感が生まれ、湧き上がる高揚感を抑えられない。以前から世界で戦う選手が羨ましかった。悩むことなく即断した。

「自分の限界を壊し、すべてをかけて新しいメディアにチャレンジしようと思う」

そう返すと、本田は満足そうにフフッと笑った。

約7カ月後――。

筆者はミラノ市内にあるマンションにいた。

壁には「謙遜：modesty」、「節制：temperate」、「勤勉：diligent」といった標語が書かれた紙が14枚貼られており、ビジネス本が入った本棚の横には、サッカーの戦術ボードが立てかけられている。世界地図には、今取り組んでいる事業が書き込まれていた。

ここは本田の書斎。サッカー選手が、ビジネスマンの顔になる場所である。

「ちょっと作業が終わらなかったので、待っていてください」

本田はパソコンに向かって座り、英文のメールの返信を書き始めた。ときおり資料をプリントアウトし、メールを処理し続ける。

「仕事が一番はかどるのが朝。毎日6時くらいに起きるんですが、すでに1、2時間前から目が半分覚めていて、もうそこで仕事のウォーミングアップを始めている。だから起きたときには、キレキレでね。この時間帯に一気に仕事を終わらせます」

本田のビジネスの主戦場はアメリカだ。今季は毎日30分、文法を勉強することを課している。

「昨季は練習場の行き帰りにプロの教師に乗ってもらい、英会話の勉強をしていました。ミラネッロで待つ時間もカウントされるので、かなり高い授業になるんですけどね。自分への投資は一切惜しみたくない」

この日はACミランの練習はなく、1日仕事に当てることもできた。だが、選手・本田の辞書に「休み」の2文字はない。オフの日は、ほぼ必ずマンション1階のジムでトレーニングを行なっている。

「オシムさんが『休みから得るものは何もない』と言っている。まさにその通りだと思う。オフこそ他の選手と差をつけるチャンス。ベスト体重を若いうちから決める選手がいますが、僕はいまだに何キロがいいかを探り続けている。ついに80kgを超えた。毎日のように筋肉痛で体がバキバキです」

日本サッカー協会のサイトには74kgと書かれており、そこから6kg以上増えているということだ。それでも体脂肪率は6％と、日本代表やミランで最も低い。

「集中するので、一切話しかけないでください」

マットを敷いて仰向けになり、体を伸ばしながら深く息を吐く。そこから柔軟で体をほぐし、直立して肺の息をフーッ、フゥ、フゥとすべて出し切り、大きく吸う。

そして再び横になって、ヒップアップ、四つん這いになって腕と足を伸ばす動作、腹筋、肘をついて体を浮かす、バランスボールを両足ではさんで持ち上げる、両手を地面から離す腕立て……。どれだけ体を痛めつけるのかというほどに、自分の体重をつかっての筋力メニューが続く。息が激しく切れ、汗がしたたり、うめき声があがった。

最後はランニングマシンでサイドステップやバックステップも入れながら走り、計60分の自主トレを終えた。トレーナーがいない状況で、よく一人でここまで追い込めるものだ。

本田は水を口に含みながら、さらっと言った。

「もうできひんってラインから、どこまでやれるか。自分との戦いやね。といっても、今日は足に疲れがあったからリカバリーが目的で、追い込むようなメニューではない。追い込むときは、下半身の筋トレやダッシュを入れるから」

これで軽めのメニュー？……と驚いていると、見透かしたように本田は付け加えた。

「これくらい気分が乗っていたら、誰でもできるんです。試されるのは、気持ちが乗らないとき。W杯で負けて日本中から『謝れ』と叩かれているときに、これができるか。僕はできます」

Tシャツごしに盛り上がる動物的な筋肉が、すべてを物語っていた。


2010年W杯で2得点を決め、日本サッカー界のヒーローになった。それから本田には変わったことと、変わらないことがある。

一番大きく変わったのは、ビジネスへの興味だ。すでに2007年にマネジメント会社としてHONDA ESTILOを設立していたが、2012年にサッカースクールを立ち上げ、ビジネスにのめり込み始めた。

この頃、偶然に出会ったのが、バブソン大学の山川恭弘准教授だ。ボストン郊外にある私立大学で、卒業生にはトヨタの豊田章男社長やイオンの岡田元也CEOがいる。ビジネス分野に強く、山川は「失敗学」を教えている。

成田空港のラウンジで山川は本田を見つけ、いつもは有名人がいても何もしないのに、そのときはなぜか記念撮影を頼んだ。特に意図はなく、自己紹介がてら名刺を渡した。すると翌日、本田から直接メールが届いたのである。以後、2人は連絡を取り合うようになり、2014年

W杯後に本田のアメリカ訪問が実現した。

このビジネスツアーが、本田を解放することになる。

「W杯後にアメリカに行って、すべてが弾けた気がする。『君は間違ってない』と言ってもらえたくらいの衝撃があって。ニューヨークの街を歩いても、タクシーに乗っても、人と話しても、めっちゃ自由。俺が何をやろうとしても、何も批判されへん。成り上がれるかは俺次第。将来この国に住もうとそのときに決めた」

また、自分が受けた日本の教育への疑問が確信に変わり、教育に携わりたいという使命感もさらに大きくなった。次世代にバトンを受け継いでいく必要を感じている。

本田は日本サッカーの歴史を例に、教育の大切さを説いた。

「これまで日本サッカー界には偉大な選手がたくさんいて、もしかしたら、世間的には本田圭佑をそういう一人として見ているのかもしれない。今の子供たちは、良くも悪くも俺ら日本代表選手を基準にして、どうなりたいかという目標を立てる。でも、すごいやつって『あの人みたいになりたい』ってレベルの低いことは言わないから。純粋に『あの人を超えたい』と思う。そういう自由な発想を消さないためには、やっぱり教育が大事なんですよ。そのストーリーの続きは俺が描く、そんなビジョンを持った若者が増えたら、日本だけでなく世界、さらに宇宙にまで影響を及ぼす人材が出てきても不思議ではない」

2014年W杯以降、本田は自己紹介するときに「選手、起業家、教育者」と名乗るようになった。

一方でまったく変わらないのは、根性の人であるということだ。

ミラネッロに選手として一番早く姿を現し、一番遅くに帰る。オフすらもジムで追い込む。ビジネスを始めてサッカーが疎かになってもおかしくないが、むしろ逆だ。

「ビジネスを始めてやるべきことが増えてから、時間の尊さに気がつき、逆に練習時間が以前より長くなった。以前はなんて無駄にすごしていたのだろうと。仕事のメールは朝に集中して終わらせて、しっかりトレーニングの時間をつくる。睡眠も必ず8時間取る。ほとんどのサッカー選手に、今すぐビジネスを始めた方がいい、と推奨したい。生き方が変わるから」

そして何より変わらないのは、ほとばしる情熱だ。

近づけば近づくほど、長くいればいるほど、さらに強く熱を感じる。朝から晩まで、マシンガンのように言葉が飛び出てくる。

いつか「直撃シリーズ」に続く「密着シリーズ」を書くことを夢見ているが、まずは新メディアの立ち上げに集中しよう。メディアの名前は、これからも本気の質問＝Real Questionを投げかけるという思いを込めて「REALQ」と名づけた。

この直撃シリーズを立ち上げたＮｕｍｂｅｒの高木麻仁さんをはじめ、編集長の松井一晃さん、前編集長の鳥山靖さん、原稿を担当してくれた渕貴之さん、中村毅さん、宇賀康之さん、稲田修一さん、幸脇啓子さん、柳沢章裕さん、柳原真史さんに支えられ、励まされ、直撃を続けることができました。本書はその集大成です。高木さんには直撃シリーズのオーガナイザーとして、本書の編集でも大変お世話になりました。Ｎｕｍｂｅｒの書き手を育てる哲学に心から感謝しています。

自分にはスポーツライターとして2人の師匠がいます。スポーツライター養成講座「金子塾」を主催した金子達仁さんと、ドイツで出会って以来サッカーのすべてを教え続けてくれた風間八宏さん（現・川崎フロンターレ監督）です。

日本におけるスポーツノンフィクションの新時代を切り開いた金子さんから、取材とは何か、書くこととは何か、伝えることとは何かを叩き込んでもらい、それらがライターとして生き抜くための最高の武器になりました。２００２年W杯後、次の開催地であるドイツに移り住むことを提案してくれたのも金子さんでした。

風間さんを師匠と言うと本人から怒られるかもしれませんが、僕は勝手にそう認識させてもらっています。トラップなどの技術、１対１の駆け引きといった個人戦術、相手の崩し方といったグループ戦術まで、本質のさらに奥の本質を徹底的に教えてくれました。食事の席にもかかわらず、ノートを取り出して質問攻めにして、気がつけば終電がなくなり、泊めてもらうということが何度あったことか。

2人の師匠がいなければ、本田圭佑という規格外の選手を取材し、議論し、描くことは絶対にできませんでした。

最後に、２０１６年8月末にミラノで聞いた言葉で、直撃シリーズを締めくくりたいと思います。常にこのデカさを忘れたくないから。

「一般の人がビジョンがあります、夢がありますというときに、だいたい考えるのは自分にできるか、できひんかだと思うんです。俺はそうじゃない。常にやるか、やらないか。やらないのは嫌やから、結局全部やる。欲張りでいいじゃないですか。実現の可能性なんて、やってみないとわからない。目標に向かって、人生という荒野にハイウェイをつくりながら、サービスエリアごとに宴をしていく。それが自分の喜びです」

本田圭佑 年表

【プロ入りまで】

•1986年6月13日、大阪府生まれ。
小学校2年生で摂津FCに入団し、サッカーを始める。

• 中学時代はガンバ大阪ジュニアユースに所属するも、ユース昇格はできず。

• 石川県の星稜高校へ進学しサッカー部に所属。3年時に全国高校サッカー選手権で石川県勢初のベスト4に進出。

•2004年、特別指定選手として名古屋グランパスエイトの練習に参加し、ナビスコカップなどの公式戦にも出場を果たした。

【名古屋グランパスエイト】

•2005年、名古屋グランパスエイトに加入。

• プロ契約の際には「オファーがあれば海外クラブへの移籍を認める」という条項が盛り込まれた。

•2007年までの3シーズンでリーグ戦90試合11得点。

【VVVフェンロ(オランダ)】

•2008年1月、エールディビジ(オランダ1部リーグ)のVVVフェンロに移籍。レギュラーとして出場したが、チームは2部へ降格。

•2008—2009シーズンはチームの2部リーグ優勝に貢献。シーズン途中からはキャプテンを任され、16ゴール14アシストをあげ、MVPに輝く。

•2009—2010シーズンは開幕からゴールを量産。前半戦18試合で6得点。

【CSKAモスクワ(ロシア)】

•2010年1月、冬の移籍市場で移籍金900万ユーロ(約12億円)、4年契約でロシア・プレミアリーグの名門CSKAモスクワに移籍。

•2010年3月、チャンピオンズリーグ決勝トーナメント1回戦セカンドレグで、セビージャ相手に30mのFK弾を決め、クラブ史上初のベスト8へ。

•2011年8月のスパルタク・モスクワ戦で右膝半月板を損傷し、手術。

•2012—2013シーズン、CSKAは6シーズンぶりにリーグ優勝。長期戦線離脱もあったが、23試合7得点。

•2013年12月、契約満了でCSKAを退団。4シーズンで94試合20得点。

【ACミラン(イタリア)】

•2014年1月、セリエAのACミランに移籍。契約期間は3年半。背番号は自らが希望した10番。

•2014年1月12日のサッスオーロ戦でセリエAデビューを果たすも3－4で敗れ、アッレグリ監督が解任。その後、セードルフを招聘するもリーグ戦8位に終わり解任。最初のシーズンは14試合1得点。

•2014—2015シーズンはインザーギが監督に就任。開幕から7試合6得点と爆発したが、その後は無得点。チームも10位と低迷。

•2015—2016シーズンはインザーギが解任され、ミハイロビッチが監督に就任。だが、2016年4月に解任され、プリマベーラからブロッキが監督に抜擢。

•2016—2017シーズンは新監督にモンテッラが就任。毎年、監督が目まぐるしく変わる中で最終的にはレギュラーを獲得してきたが、厳しい戦いを強いられている。

【日本代表】

•2008年6月、南アフリカW杯アジア3次予選でA代表デビュー。22歳の本田を抜擢したのは、岡田武史監督。

•2010年南アフリカW杯で1トップとして活躍。2得点1アシストで日本代表のベスト16進出に貢献した。

•2011年アジア杯優勝。MVPに輝く。

•2014年ブラジルW杯では初戦で1点をあげるも、グループリーグ敗退。

• 日本代表ではAマッチ84試合36ゴール。(2016年10月11日現在)

初出

1　W杯を語らない本当の理由 —「Number760」
2　初めて明かしたW杯後の真実 —「Number769」
3　アジアカップ優勝＆MVP直後の本音 —「Number772」
4　非エリートの思考法 —「Number783」
5　究極のサッカー問答 —「Number787」
6　追跡ルポ① — メルマガ「木崎伸也のNumberでは書けない話 vol.40」
7　ガチンコ勝負のコミュニケーション論 —「Number795」
8　まさかの取材拒否 —「Number800」
9　現代サッカーにおける創造性 —「Number806」
10　それでも世界一を目指す覚悟 —「Number815」
11　マイナス6度のモスクワにて —「Number819」
12　追跡ルポ② —「Number826」
13　雄弁なる沈黙 —「Number829」
14　ブラジルW杯出場決定 —「Number830」
15　コンフェデ杯3戦全敗後の告白 —「Number831」
16　欧州遠征の手応えと課題 —「Number842」
17　奇跡を起こす壮大なる計画 —「Number844」
18　名門ACミランへの挑戦 —「Number845」
19　己の仕事とミラン再生計画 —「Number847」
20　ミラノでの葛藤 —「Number853」
21　ブラジルW杯　存在証明① —「NumberブラジルW杯臨増①」
22　ブラジルW杯　存在証明② —「NumberブラジルW杯臨増②」
23　ブラジルW杯　存在証明③ —「NumberブラジルW杯臨増③」
24　ブラジルW杯後の理想と現実 —「Number862」
25　新境地の功罪 —「Number864」
26　アジア杯2015　まさかの敗退 —「Number871」
27　開幕直前の生存競争 —「Number884」
28　逆境の胸中 —「Number895」

本書はNumber760（2010年9月2日号）からNumber895（2016年2月18日号）に掲載された記事に加筆・修正しました。

カバー撮影　釜谷洋史

写真　杉山拓也（P42、124、162）
松園多聞（P74、112、196）
中島大介（P150）
千葉　格（P228、252、260、288）

装丁　番　洋樹

木崎伸也（きざき・しんや）
1975年1月3日、東京都出身。2002年日韓W杯後にオランダへ移住し、2003年からドイツ在住。現地のフットボール熱をNumberほか多くの雑誌・新聞で伝えてきた。2009年2月に帰国し、海外での経験を活かした独自の視点で日本のサッカージャーナリズム界に新風を吹き込んでいる。2010年南アフリカW杯から本格的に本田圭佑を取材。アポなしで直接本人と取材交渉をするという独自のスタイルで本音を引き出し続けた。2016年7月に新メディア「REALQ」を設立。日本の食事・観光地・文化を海外の人々に向けて紹介する媒体を目指す。著書に『2010年南アフリカW杯が危ない！』『サッカーの見方は1日で変えられる』『世界は日本サッカーをどう報じたか』『革命前夜』（風間八宏氏との共著）、訳書に『ヨハン・クライフ　サッカー論』『パーフェクトマッチ　ヨハヒム・レーヴ　勝利の哲学』などがある。

直撃《ちょくげき》 本田圭佑《ほんだけいすけ》

2016年11月10日　第1刷発行
2019年 6 月15日　第2刷発行

著　者　木崎伸也《きざきしんや》
発行者　石井潤一郎
発行所　株式会社　文藝春秋
〒102-8008
東京都千代田区紀尾井町3-23
電話　03-3265-1211（代表）
印刷所　凸版印刷
製本所　加藤製本

ISBN978-4-16-390557-0　　Printed in Japan